教科書と自主開発教材でつくる

道徳授業

10の原理・100の原則

堀 裕嗣 著
Hori Hirotsugu

明治図書

まえがき

こんにちは。堀裕嗣（ほり・ひろつぐ）です。

道徳の授業づくり。愉しんでますか？

「もちろん！　毎週心から愉しんでます」という方はおそらく少数派だと思います。多くの方々は、「まあ、苦にならない程度には慣れたかな」とか、「やんなきゃならないから仕方なくやってるよ」とか、「毎週、もう苦痛でしょうがない……」とかいったところが本音なんじゃないかと思います。「要するに子どもたちの意見をいっぱい板書すりゃ良いんでしょ？」とか「要するに評価所見書けるようにワークシートにたくさん感想書かせりゃ良いんでしょ」とかいった開き直りの運営もよく見られます。まあ、それで良いなら僕もそうした態度を否定しません。人の生き方がそれぞれであるように、教師のスタンスも人それぞれです。これが絶対正しいという姿勢があるわけではありません。

しかし、道徳の授業はなぜ苦なのか、もう少しなんとかならないか、そう感じている方ならば、本書を読むことに少しは価値が出てくるかもしれません。正直、そんなスタンスで本書を上梓しています。

本書は、文科省の言う通りに道徳授業をすることに喜びを感じている、地域の道徳授業研究をリードしておられるようなごくごく少数の方々には向きません。また、「道徳なんてやりゃ良いんだよ、もうそれなりに慣れたし、気楽に毎週の授業をこなしているよ」という大多数の方々にも向きません。

本書が読者として対象としているのは、道徳授業が苦痛だ、まったく自分の主体性が発揮できていない、もう少しなんとかならんものかと、小さいながらも問題意識を抱いている方々、またそれほど明確でなくても、なんかすっきりしない、なんか意味ないことしている気がすると、問題意識の欠片のようなものをうまく消化しきれないでおられる方々、そんな方々です。

本書が若手・中堅・ベテランを問わず、道徳授業の在り方に違和感を感じている方々に少しでも参考になるとしたら、それは望外の幸甚です。

Contents

第一章
道徳授業一〇の原理

1 当事者性の原理

　私は中学校の国語教師です。国語の素養は割と持ち合わせています。文章も割とわかりやすく書くことができますし、明快に話すことも不得意ではありません。他人が言っていることを過不足なく理解することもできますし、本も年間に数百冊程度は読みます。中学校の国語教師ですから、授業は基本的に国語科の授業しかしません。

　そんな私にも得意としている教材と不得意としている教材があります。そしてそれは自分が授業をしていて楽しい教材とそうでない教材とも重なります。前者は私自身の専門（文学教育）とリンクしている教材であることが多く、よく教材研究もし、自分で「この教材のことをよくわかっている」と確信できる教材です。後者は自分の専門とはちょっと遠く、それ故に教材研究も楽しいと感じられない、そんな教材が多いのが現実です。自分の授業がなんとなく機能し切っておらず、生徒たちに申し訳なく思っています。

　さて、教科道徳が始まって数年が経過しました。年間三十五時間とはいえ、私たちは学級担任として自分の授業を受けることを子どもたちに強いています。しかも人としての生き方、人としてどう生きるべきかを扱う授業です。学校でそれを習うということは、おそらく子どもたちの人生にそれなりに影響を与えることになります。指導書どおりの授業や係から提案された指導案をなぞるだけの授業はおそらく、私の国語授業の不得意分野と同じように「なんとなく機能しない授業」になっていきます。「なんとなく機能しない授業」が年間三十五時間続いていくとしたら……。考えるだけでもゾッとします。

道徳の授業が「なんとなく機能しない授業」になってしまうのは、教師が〈当事者意識〉をもてないことに起因しています。教科書教材の設定や登場人物が自分からは遠いものに思えてしまう。どうも入り込めない。そんな状態です。そしてそれが、授業に対する教師の〈本気度〉を下げます。教師が本気になり切れない授業を強制的に受けさせられる子どもたちは悲劇です。そんな授業が機能するはずもありません。

授業を機能させるには教師が〈当事者意識〉をもつことが必要です。〈当事者意識〉には二つの方向性があって、一つは子どもたちに対する〈当事者意識〉、つまり、自分はこの子たちを育てなければならない、成長させなければならない、そうした子どもたちの方を向いた〈当事者意識〉のことです。これは教師のだれもがもっています。しかし、もう一つ、教師が授業を機能させるには教材に対する〈当事者意識〉というものが必要です。私はこの教材が好きだ、私はこの教材をよく理解している、私はこの教材の価値を子どもたちに絶対に伝えたいと思っている、そうした〈当事者意識〉です。教科書道徳の授業では正直なところ、これがなかなかもちづらい。そうした現実があります。

冒頭で国語の授業においても私が得意とする教材とそうでない教材とがあると述べました。しかし、私は不得意な教材であったとしても国語の授業ならばそれなりに機能させることができます。もちろん不得意な教材であっても（或いは、不得意な教材であるからこそ）なんとか機能させようと教材研究を欠かさないという私の努力がそれをもたらしている側面はあります。しかしそれよりも重要なのは、私の得意分野の授業があるからこそ、不得意分野の授業であっても子どもたちに「この先生の授業は聞くべきだ」という姿勢を担保しているのだということです。おそらく私の不得意分野の授業は、得意分野の授業の効果として余韻的に機能させられている。私はそんな認識をもっています。

小学校教師にも苦手な教科があるはずです。特に実技系教科や国語・理科・社会といった教科は、どうしても不得意とする人が多い傾向があります。それでもなんとか授業としてそれなりに機能させているのは、それぞれの小学校教師に得意な教科が幾つかあって、その教科でおもしろく興味深い授業が展開できているからなのではないか。要するに、やはり得意分野が不得意分野の機能性を余韻的に高めているのです。

私は道徳の授業も同じ構造で機能させるのが現実的なのではないかと考えています。教科書教材がどこか遠く感じられ、〈当事者意識〉をもつことができない。それが三十五時間続いたらおそらくその教師の道徳授業は機能しません。それが長く続けば、次第に子どもたちは道徳をおもしろくないもの、苦痛なものと感じるようになるでしょう。そうなったとしたら、教育上の悪影響さえ出るかもしれません。「やらない方が良いもの」になってしまいます。それではもう、教育活動としては破綻しています。

私はすべての教師が、自分が〈当事者意識〉をもって「本気」になれる授業を年間にどれだけ開発できるか、そこに一年間の道徳授業が機能するか否かのポイントがあると考えています。私の感覚では取り敢えず五時間。五時間の〈当事者意識〉をもった授業が展開されれば、なんとか三十五時間の機能性を担保できるのではないか。そう考えてもいます。この五時間の開発にすべての教師は血眼になって取り組まなければならない。そう考えているわけです。

毎年五時間の授業に高い機能性を発揮させる。おそらくその状態に至るまでには、人によっては数年を要するだろうと思われます。しかし、年間五時間の機能性を安定的に発揮できるようになれば、おそらく「道徳授業づくりのサイクル」のようなものが感覚的に得られるはずです。そうなったとき、その五時間を八時間に、十時間に、十二時間にと増やしていくことを考えれば良いのです。現実的には、取り敢えず年間五時間において自分の〈当事者意識〉を自分自身でつくることが急務である。私はそう考えています。

2 考察性の原理

「教材研究」という言葉があります。この言葉は教師にとって、或いは学校教育界にとって非常に大切な言葉だと思うのですが、最近は手垢がついてしまって非常に軽い言葉となりつつあります。

もともと「教材研究」という言葉は三つの研究の複合体としてのイメージをもつ言葉でした。①教材とするための素材自体の研究、②学習者の実態の研究、③素材と学習者とを結びつけるための学習活動の研究の三つです。それぞれ、「素材研究」「学習者研究」「指導法研究」と言い換えて良いでしょう。

「素材研究」は教材として扱う素材を、子どもに与えるものとしてではなく、その素材自体の価値は何かと研究することです。わかりやすく言えば、国語で「ごんぎつね」の教材研究をするという場合に、教材としての「ごんぎつね」ではなく、「ごんぎつね」という作品の文学的価値を研究することにあたります。道徳授業であれば、教科書教材の本文を分析したり鑑賞したりすることになるでしょうか。

「学習者研究」とは子どもたちがその素材を受け止めるうえで、どのような障害があるかを中心に考えることになります。文章のすべての漢字を読めるかに始まり、どのような語彙に欠落が見られ、どのような勘違いをする可能性があり、時代の差異や地域の差異によって文章世界とどのような齟齬を来す可能性があるのか、或いはどのような解釈傾向が見られると予想されるか、解釈はどのような幾つの派に分かれると予想されるか、こういったさまざまな可能性を検討することを指します。これらを検討するには当然のことながら、教師がその「素材自体」をディテールまでよく理解していることが前提となります。「学習者研究」が「素材研究」を前提とすると言われる所以です。

「指導法研究」とは「素材研究」と「学習者研究」とを前提に、両者の結節点を紡ぎ出すような学習活動や指導言を開発することを指します。ここでは授業の構成や発問、子どもたちの意見の対立や融合、ゴールをどこに設定するかなどが大きく意識されることになります。

人によって「素材研究」に大きく重きを置く人や「学習者研究」を大きく意識する人、多様な指導法の開発に余念なく「指導法研究」に中心的に取り組む人などその重点に違いはありましたが、かつてはだれもが、この三つがセットでないと「教材研究」の名に値しないということでは一致していました。

ところが昨今は、国語科でさえ「素材研究」が蔑ろにされ、「素材」が研究されていないものですから「学習者研究」も機能しないという状況があります。「学習者研究」は「素材」との関係によってなされるものですから、「素材研究」なき「学習者研究」は教師が子どもたちを観察しての思いつき程度のものになりがちです。「素材研究」がなされず「学習者研究」も未熟となれば、「指導法研究」が機能するはずもありません。教師の恣意性によって「おもしろそうな活動」が選択されるだけということになります。道徳教材はその性質上、国語科の教材よりも読み取りやすい教材が並んでいますから、国語科以上にこの傾向が強まります。

「教材研究」に似た言葉に「教材分析」という言葉がありますが、ここには教材というものに授業の指標となるような客観的な読み方があって、それを明らかにすることで授業が成立するようになるというニュアンスがあります。国語科の「分析批評」に象徴されるように、おそらく「新批評（＝ニュー・クリティシズム）」をモデルとした一部のテクスト論の影響でしょうが、「教材分析」信奉者の授業は多様な解釈可能性を認めない硬直化した授業になりがちです。これも道徳の授業づくりには向かないでしょう。

「教材開発」という語に至っては、授業構成上の「教具づくり」と同義に捉えている教師さえいて、呆れるばかりです。教具をつくることが大切でないとは言いませんが、さすがに「教材開発」を「教具開発」と同義に捉えるのは矮小化しすぎでしょう。

個人的な話で恐縮ですが、私は「教材研究」という言葉に手垢がつき、別の意味、軽い意味で捉えられていると感じるようになって以来、「教材を考察する」という言い方をするようになりました。「考察」とは、物事を明らかにするためによく調べて考えをめぐらすこと（goo 辞書他）を指しますから、素材としても教材としても先行研究について調べること、それをもとに自分自身の頭で考えをめぐらすことを前提としています。しかも「研究」という言葉よりも、もっと自分自身で主体性をもった結論を導き出すというニュアンスも感じられます。私が好んでこの言葉を使う所以です。

教科書教材を扱うにしても自主開発教材を扱うにしても、道徳の授業づくりではよく調べ、自分自身で考えをめぐらし、自分自身で主体性をもって結論を導き出すことが必要です。それを〈当事者意識〉と呼ぶのであり、こうした〈当事者性〉をもたない授業は前節で述べたとおり機能性の低い授業にならざるを得ないのです。

「教材を考察する」とは、①「素材」としての価値を明らかにし、②素材を鏡にしながら「学習者」の姿を映し出すことであり、③素材と学習者の結節点を紡ぐ「指導法」を開発することであり、④それらを関係づけて自分自身の言葉で表現することでもあります。教材の外にあるものをもってきてちょっと加工したりちょっと工夫したりして授業化できるものではありません。そこには教師自身の「自分」が必要とされるのです。

3 開発性の原理

あなたに「敬愛する著名人」はいないでしょうか。俳優、ミュージシャン、スポーツ選手、政治家、思想家、作家、歴史上の人物……何でも良いのです。一人挙げられませんか？　子どもの頃から大好きでいまだに聴き続けているミュージシャン。この人の新作は必ず観るという映画監督や俳優。この人の新作は必ず読むという思想家や小説家。いつの頃からか人生の同伴者となり、行動の模範となっている歴史上の人物。そんな「敬愛する著名人」があなたにもいるはずです。

では次に、その「敬愛する著名人」のどんなところを敬愛しているのか、箇条書きで書き出してみてください。本書を読むのを少しだけやめて、紙とペンを用意して思いつくままに列挙してみるのです。その人物が自分を惹きつけるのはどんなところか。最も尊敬に値すると感じたエピソードは何か。そんなことを書き出してみるのです。いかがでしょうか。思いのほか簡単に思いつくのではないでしょうか。そりゃそうです。その人物との付き合いは長く、さまざまな場面であなたに影響を与えてきたのですから。あなたという人間の精神性の何％かはその人物がつくってきたとさえ言えるのですから。

さて、ここからが本番です。そのあなたの「敬愛する著名人」の、あなたが敬愛するところ、それを象徴するような敬愛に値すると感じているエピソードには、道徳授業の資料として教材化できる可能性がないでしょうか。二十二ある内容項目のどれかと合致しませんか。あなたはなぜ、その人物を教材化しないのでしょう。もちろん発達段階の問題として、この人物を低学年では扱えないといったことはあり得るでしょう。しかし、高学年ならば十分に授業化できるのではないでしょうか。あなたのアイデンティティの、少なくとも一部を構成してきた人生の同伴者を教材化せずして、あなたは何をもとに子どもたちに人生の在り方を語ると言うのでしょうか。その人物はあなたにとって、最優先で教材化すべき人物なのではないでしょうか。

しかも、その人物を教材化するにあたって、あなたには「素材研究」の必要がないのです。あなたはその人物を熟知していて、子どもたちがその人物の生き方やエピソードをどう受け止めるか、要するにいきなり「学習者研究」から始められるのです。いや、「素材研究はするべきだ」と思うのなら、ためしにその人物の名前で検索をかけてみてください。Wikipediaをはじめとして、その人物について数々の記事があるはずです。中にはあなたの知らないエピソードもたくさんあることでしょう。でもそれを調べる時間は、あなたにとって楽しくて楽しくて仕方ないという時間になるはずです。授業づくりのための「お仕事」としてやっている意識など決して抱かないはずなのです。

さあ、その人物を教材化したとき、このエピソードを紹介したとき、子どもたちはどんな反応を示すでしょうか。想像するだけでワクワクしませんか？

こうした対象は人物だけではありません。数年に一度、何度も読んだのにどうしてももう一度読みたくなってしまう小説。数年に一度、どうしても観たくなる映画、なにかネガティヴなことがあったときに年に何度も聴いて励ましてもらっている自分の中の名曲。だれもがこうした人生の同伴者をもっているものです。それらは子どもたちに伝え、考えさせる価値があるのではないでしょうか。そして何より、その授業はあなたが心の底から本気になれる、〈当事者意識〉の塊のような授業として構成されるはずなのです。

「当事者性の原理」において、私は「すべての教師が、自分が〈当事者意識〉をもって『本気』になれる授業を年間にどれだけ開発できるか」に教科道徳の成否がかかっていると述べました。私はすべての教師が、このような自分の人生と深くかかわる自主開発教材の授業をどれだけたくさんつくるかということに、その要諦があると考えています。

これまで読者に良いことばかりを言ってきましたが、実は自分の「敬愛する人物」やさまざまなジャンルの馴染み深い作品を扱ったからといって、必ずしもその授業が子どもたちに機能するとは限りません。教科書教材よりは成功確率が上がることは確かですが、当然のことながら失敗することだって少なくないのです。しかしそこでは、教師の中に教科書教材の授業で失敗した場合とはまったく異なった思考が働きます。

教科書教材の授業が失敗したとき、教師は多くの場合、それを教材のせいにします。この教材は子どもたちに響かなかった、教材が悪いのだ、というわけです。自分もその教材をおもしろくないと感じているのですから、こうした思考に向かうのは人情かもしれません。ある意味、仕方のないこととさえ言えます。しかし、例えば自分の「敬愛する著名人」を扱えば、教材を否定するわけにはいきません。教材価値には絶対的な自信があるのです。とすれば、教師は失敗の要因を「授業の運び」に求めざるを得なくなります。導入のあり方は適切だったか、教材の提示の仕方はどうだったか、教材の説明は的確だったか、発問は機能していたか、話し合いのルールは徹底していたか、こうした授業を構成する諸々の要素の機能性について吟味せざるを得なくなります。

教科書教材を扱うにしても自主開発教材を扱うにしても、道徳の授業づくりではこうした構成要素の在り方を一度真剣に考え、吟味してみることが必要なのです。自分が人生の同伴者と感じている教材の授業をつくることは、教師自身が高いモチベーションを発揮できるだけにこうした要素への吟味を深いものにします。こうした経験の繰り返しだけが道徳授業づくりの力量を高めるのです。

4 間接性の原理

平成の野球界の大スターにイチローがいます。令和の大スターには大谷翔平がいます。ともに道徳授業の実践が数多く報告されています。私は正直、イチローや大谷の授業を見たり実践報告を読んだりしていて、「うん、これは良い、自分もやりたい」と感じたことが一度もありません。なぜだろうと考えてみるのですが、長らくその答えを得られませんでした。しかし、最近ようやく自分の違和感のもとが理解できるようになってきました。イチローや大谷は、子どもたちの現実から遠すぎるのです。それが私に「この道徳授業は機能しない。役に立たない」と思わせていたのでした。

イチローや大谷の功績は偉大なものです。これは反論の余地がありません。私もプロ野球ファンの一人として、この二人に対しては尊敬の念を惜しみません。功績が偉大であるだけでなく、報道を読んだり本人のインタビューやエッセイなどを読むと、その努力たるやひれ伏すほどのすさまじさです。しかしそのことは、実は彼らの努力や功績が、決して常人の及ぶところではないということをも示しているのです。

子どもたちにイチローや大谷を教材化して授業をする。そのとき、子どもたちは「うん、僕もイチローや大谷のように努力して大きな功績を上げよう」と思えるのでしょうか。もちろん、小学校低・中学年くらいならそういうこともあるかもしれません。しかし、自分の中にあるエゴイズムやコンプレックスを意識し始めている高学年・中学生から見ると、「そんなの無理だよ」と感じてしまうのが現実なのではないでしょうか。あなたはイチローや大谷の努力と功績を見て、自分が彼らのようなすさまじい努力をして彼らのような偉大な功績を残せる可能性を想定することができるでしょうか。そもそも、「努力できること」自体が一つの才能なのではないでしょうか。それが現実なのではないでしょうか。

例えば、高校時代でもプロに入ってからでも、イチローや大谷の陰で彼らに嫉妬しながら自らの人生を狂わせてしまったという人がいたら、私はその人物をこそ教材化したいと思うのです。例えば、彼らのチームメイトで日陰に甘んじながら、それでも前向きに頑張り続けたという人がいたら、私はその人物こそを教材化したいのです。そうした人たちが経験した葛藤は、間違いなく目の前の子どもたちの中にも存在するものです。少なくともイチロー自身、大谷翔平自身のようには子どもたちから遠くない。

ご承知のように、道徳の授業は偉大な人物を直接的に扱うことが多いわけですが、私は偉大な人物はその人物を直接的に扱うよりも周りの人物の葛藤をこそ扱うべきだと考えています。要するに、偉大な人物は直接的に扱うのではなく間接的に扱うべきだと考えているわけです。これが私の言う「間接性の原理」です。

例えば、松井秀喜は石川県星稜高校時代、甲子園で五打席連続で敬遠され、その試合で活躍することなく敗退しています。それほどに偉大な選手であったという逸話として流布しているわけですが、五打席連続で敬遠されたからには五打席連続で敬遠した側がいるわけです。当時、高知県明徳義塾高校で投手兼外野手だった河野和洋氏です。氏は試合後、甲子園の五万五千人の観衆から大ブーイングを浴びます。十八歳の少年が全国から大ブーイングを浴びたわけです。氏は当時の心境を後にこのように語っています。

ブーイングという言葉をあの試合で初めて知りました。ただ、敬遠は馬淵（史郎）監督が勝つためにやった作戦で、私たちは指示に従った。ルール内ですから別に恥じることはないと思っています。当時は五万五〇〇〇人を敵に回すより、サインを無視して監督を敵に回す方が怖かったですからね（苦笑）。

〈「NEWSポストセブン」小学館・二〇一五年〉

インターネット上に記事がまだ残っているので詳しくはそちらを御覧いただきたいのですが、私はこの河野和洋氏の葛藤の方が松井秀喜自身よりもずっと子どもたちの心に響くものがある、教材化する価値があると思うのです。

道徳授業では杉原千畝もよく教材化されますが、ナチスに迫害され逃れてきた難民の窮状に同情し、自らの危険も顧みずに命に反す人物の功績を、子どもたちは身近に感じることができるのでしょうか。そもそも千畝の功績を学んだとして、子どもたちはその葛藤と勇気ある判断をどういった場面で活かすことができるのでしょう。こうしたことが私にはとても疑問なのです。千畝の帰国後、その判断を家族がどう感じたかという家族の手記ならば、私も扱う価値があると感じます。しかし千畝自身の功績は、子どもたちに「モデルとして生きろ」と言うには特異すぎるのです。

「間接性の原理」は、なにも偉大な功績を挙げた人物ばかりに適用されるわけではありません。私はよく、道徳授業で障がい者を扱います。しかし私の障がい者の授業のほとんどは、障がい者自身を直接的に扱うものではありません。障がい者自身がどんなに頑張っていたとしても、それは子どもたちから見れば遠いと言わざるを得ません。そうではなく、その頑張った障がい者を快く見守った人物、或いはその障がい者の家族の温かくも葛藤ある心情、そういったものを教材化します。私は犯罪者もよく扱いますが、子どもたちに考えさせるのはその犯罪者自身ではなく、むしろその家族の葛藤です。また、犯罪者には子ども時代にいじめに遭っていたという体験をもつ者が多いですから、その頃のクラスメイトはなぜいじめたのか、彼らに法的な責任はないにしても道義的な責任はないのか、といったことを扱うことにしています。

5 複合性の原理

新しいものを創り出すことを「創造」と言います。あれは創造的な仕事だ。あの人は創造的な人だ。これからの仕事に必要なのは創造性だ。クリエイティヴであることは今後、教師という仕事をしていくうえでも重要なキーワードになるだろうと思います。

道徳の授業づくりにおいても、「創造性」が必要です。子どもたちが達成感を抱くことのできる授業、子どもたちが深く思考できる授業、子どもたちが題材について多面的・多角的に捉えることができるような授業、教師はそんな授業を創造しなくてはなりません。

でも、自分はそんな創造性、創造力をもち合わせていない。多くの教師はそんなふうに感じています。ときには、「自分には創造性がある」「自分にはオリジナリティがある」と自信をもっている若手教師も見かけますが、多くは何かの情報に触れたときの思いつき程度のものを自慢げに「自分が開発した」とアピールしているだけで、「我が強い」「自己主張が強い」の域を出ていません。

では、創造性があるということ、クリエイティヴであるということは、いったいどのようなことを意味するのでしょうか。

二つ以上のことを組み合わせることを「複合」と言います。私は「創造性」を、或いは「クリエイティヴであること」を、二つ以上のことを組み合わせることに長けていることだと捉えています。

一般に「創造」というと、新しいものをゼロから生み出すことだというイメージがあります。しかし、ゼロから新しいものを生み出すということがあり得るのでしょうか。英国留学で学んだ西洋的自己なくして夏目漱石はあり得ません。フィッツジェラルドやサリンジャーなくして村上春樹は現れません。ましてや私たちのような凡人がゼロから何かを生み出せると思う方がどうかしています。「創造」とは、「既にあるもの」を組み合わせて新しい意味を生み出したり、「既にあるもの」をこれまではその観点で論評されてこなかった「既にある観点」で見直すことによって新しい意義を見出したりといった、そうした営みなのではないでしょうか。

道徳授業づくりの例で具体的に見てみましょう。

二〇一八年一〇月一二日のことです。「TEAM BEYOND」がパラリンピック候補選手のポスターを東京都内に一斉に掲示しました。「TEAM BEYOND」とは都が主催する、パラスポーツを通じて、みんなが個性を発揮できる未来を目指したプロジェクトです。要するに二〇二〇年東京パラリンピックに向けて、都民に対してパラスポーツに興味をもってもらおうとの試みの一つでした。パラリンピック候補選手が多数取り上げられていたのですが、実はそのうちの一枚がネット上で問題視され、炎上騒ぎとなります。都は掲示から三日後の一五日には当該ポスターを撤去。誤解を与えたとして謝罪しました。

そのポスターはパラバドミントンの杉野明子選手（上肢障がい。生まれつき左手が不自由）の写真とともに、「障がいは言い訳に過ぎない。負けたら、自分が弱いだけ。」というキャッチコピーが施されていました。これに対して、「障がいの程度は、千差万別なんです」「障害を言い訳にするな、というのは、典型的な障害者差別の言い方です」「『障害は言い訳にすぎない』と言われてしまうと、もう何もできなくなってしまうほど、ひどい言葉だと思います」と、ネット上では大騒ぎとなりました。これを受けて、都はポスター撤去、謝罪という判断をしたわけです。

実はこのコピーは杉野明子選手本人が、自らを鼓舞する言葉としてインタビューに答えた発言がもとになっています。本人が言えば「頑張ろう」としている発言として受け止めることができるのに、ポスターとして掲示されてしまうと障がい者差別的な発言に感じられてしまう。そうした誤解の典型として捉えられるかもしれません。

このポスターを巡る一連の騒動は、道徳授業として教材化する価値があります。杉野選手本人の意図や都の意図と、ポスターを見た人たちの感受とのズレ、このズレはどうして生まれてしまったのか、これを子どもたちに考えさせることは意義あることでしょう。おそらくは全国に、このポスターを教材化した教師はたくさんいるのではないかと想像します。そしてそうした教師たちはその授業を、時事的な問題を教材化して子どもたちを多面・多角的な深い思考に誘う、創造的な授業だと自己評価しているかもしれません。

しかし私は、これだけでは「いくら自らを鼓舞するための言葉でも、時と場合によってはそれが差別と誤解されることがあるので気をつけよう」という話にしかならないと思うのです。もう一つ、別の教材を組み合わせる必要があるのではないか。

モハメド・アリの言葉に「不可能とは、現状に甘んじる言い訳に過ぎない」があります。人種差別と闘い続け、ベトナム戦争徴兵に反対してチャンピオンベルトを剥奪され、それでもなお挑戦し続け、世界王座に返り咲いたボクサーの言葉です。この言葉は称賛され、尊敬を集め続けているというのに、なぜ杉野選手のそれは差別を助長する言葉と受け止められてしまうのか。こうした思考を促せば、子どもたちの思考は多面的・多角的と評価されて良い深いものになると思うのです。

創造性とは、一つのことをストレートに問うよりも、一見関係のないように見える二つ以上の事柄を組み合わせたときに生まれる。その二つ目を見つけるまでは安易に教材化しない。私はこうした姿勢が授業づくりにおいて重要な姿勢であると捉えています。

6 同期性の原理

物事が同時に起こるときに立ち上がってくる関係性のことを「同期性」と言います。二つ以上のことを組み合わせることを「複合性」と言うことは既に述べたとおりですが、二つの事象を複合させる意図は、その二つを比較対照することによって立ち上がってくる関係性を捉え、子どもたちに広く深く考えさせようとすることにあります。二つの事象の提示の仕方によって、子どもたちの「思考の質」が変わります。

二つの事象を子どもたちにどのように提示するか。二つの在り方があります。

一つは、第一教材を提示して思考すべき観点を提示し、第二教材をその観点で考えてみる、という提示の仕方です。或いは第一教材で一つの観点にまとめ、第二教材でそれと反対事象を提示して揺さぶるという仕方です。この場合、第一教材から第二教材へという順次性は引っ繰り返すことができません。あくまで第一教材を受けて第二教材がある。その順次性が大切になります。私はこれを「縦のコラボ」と呼んでいます。

もう一つは、第一教材と第二教材を同時に提示し、双方を比較対照することによって、思考すべき共通点や対立点、疑問点や問題点などを整理し、新たな「問題意識」を成立させようとする仕方です。双方の教材に提示する順次性はなく、あくまで双方を比較対照することにこそ重きがあります。こうした提示の在り方を、私は「横のコラボ」と呼んでいます。

話をわかりやすくするために、前節「複合性の原理」で紹介した杉野明子選手とモハメド・アリで考えてみましょう。

「縦のコラボ」ではまず、モハメド・アリの「不可能とは、現状に甘んじる言い訳に過ぎない」を提示します。アリはいったい、どんな思いでこの言葉を遺したのでしょうか。

モハメド・アリは一九四二年、ケンタッキー州ルイビル生まれ。旧名はカシアス・クレイと言います。十二歳のときにボクシングを始め、ジムに所属してから八週間でアマチュアボクサーとしてデビュー。ケンタッキー州の大会で六度優勝した後、一九五九年、一九六〇年と二年連続で全米優勝、ローマ五輪のライトヘビー級代表となります。ローマ五輪では金メダルを獲得しました。ここまでは順風満帆と言って良い活躍でした。

しかし、帰郷後は激しい人種差別を受けます。アリにはそれがとても悔しかったようで、ローマ五輪で獲得した金メダルを川に投げ捨てたというエピソードさえ残っています。その後、プロデビュー。リングネームをモハメド・アリとします。一九六四年には世界ヘビー級王座を射止め、本名も「モハメド・アリ」へと改名します。一九六七年にはベトナム戦争への兵役を拒否したことでヘビー級王座を剥奪され、それどころかボクサーライセンスさえ剥奪されます。しかし、その後、裁判で闘い続け、無罪を勝ち取り、プロボクサーに復帰、一九七四年にヘビー級王座に返り咲きます。八一年に引退した後はさまざまな差別と闘う文化人として活躍、二〇〇五年には大統領自由勲章を授与されました。二〇一六年、七四歳で亡くなるまで、世界的な人気を誇りました。

不可能とは、現状に甘んじる言い訳に過ぎない——こんな壮絶な人生を送ったモハメド・アリがこの言葉を遺したわけです。自らの境遇に言い訳することなく、不可能を可能とするべく壮絶な闘いに挑み続けてきたことは想像に難くありません。その意味で、アリのこの言葉はファンのみならず、多くの人々に感銘を与えました。

これを紹介した後、杉野明子選手の「障がいは言い訳に過ぎない。負けたら、自分が弱いだけ。」というポスターを紹介します。掲示された途端に批判を受け、わずか三日で撤去されることになったことも紹介します。モハメド・アリは人種差別と闘い、杉野明子選手は自らの障がいを克服しようと努力してきました。ところが、一方は世界的な称賛を受け、一方はネットの炎上を招いたわけです。こう考えてきますと、このポスターの炎上が杉野選手自身には罪がないことが見えてきます。「TEAM BEYOND」が安易に障がい者の言葉をキャッチコピー化し、杉野選手の努力を知らない一般の人々がその言葉だけを取り上げて拒否反応を示した、そういう構図が見えてきます。もしもアリが「黒人であることは言い訳に過ぎない」と言っていたとしたら、やはりそれを問題視する人も現れたかもしれません。

「縦のコラボ」はこのように、アリの言葉の検討あってこその杉野選手の言葉の検討という構成を採ります。アリの言葉あってこそ、杉野明子選手の言葉を広く深く検討する素地が生まれる、そういう構成です。

これに対して、「横のコラボ」は、モハメド・アリの「不可能とは、現状に甘んじる言い訳に過ぎない」と杉野明子選手の「障がいは言い訳に過ぎない。負けたら、自分が弱いだけ。」を同時に提示します。そしてこの二つの言葉の共通点や相違点、対立点、疑問点、問題点といったものを子どもたちに挙げさせるわけです。おそらく、本人が言えば美しい言葉も、第三者がそれを取り上げて人目に触れさせたとき、それが問題視されることがあるということが論点として浮かび上がってくるはずです。ハンディキャップを努力によって克服する、ハンディキャップは言い訳に過ぎない、そう言って良いのは克服しようと努力した本人、その人だけなのです。

このように二つの事象を意図的に提示することによって、そこに立ち上がってくる問題意識を扱う授業の在り方を、私は「同期性の原理」と呼んでいます。

7
構造性の原理

インターネットで「道徳」「指導案」と検索してみる。数限りない指導案がヒットする。それを一つ一つ開いて導入を見てみる。「友達に親切にしてあげた経験はありますか?」という問いに対して、「係の仕事を手伝ってあげた」「勉強を教えてあげた」「順番を譲ってあげた」という三つが子どもの反応として想定されている。そして生徒作文の資料を読み始める。「誠実な人ってどんな人でしょうか?」という問いに対して、「まじめに生きている人」「うそをつかない人」「自分に正直に生きている人」という三つが想定されている。そして吉田松陰の資料を読む。世の道徳の指導案において「導入」と言われるものはこんなのばかりです。時間は決まって五分。指導上の留意点には「一人一人の意見を大切にする雰囲気をつくる」などと、取って付けたような文句が添えられます。

しかし、私は思うのです。たった五分で「一人一人の意見を大切にする雰囲気」などというものをつくれるものでしょうか。そもそもそれ以前に、ここで提示された子どもたちの「係の仕事を手伝ってあげた」や「まじめに生きている人」は、ほんとうに「子どもたちの意見」と言うほどのものなのでしょうか。教師の問いに対して、「先生はこういうふうに答えて欲しいんだろうな……」と忖度した上っ面の言葉なのではないでしょうか。「係の仕事を手伝ってあげた」はいかにも学校で起こり得る一般的な親切に過ぎませんし、「まじめに生きている人」は「誠実な人」の言い換えに過ぎません。こんなやりとりをするために一時間の授業のうちの五分を使ってしまうことに、私はもったいなささえ感じてしまいます。これは「導入」という名の慣習が生んだ「無駄の代表」なのではないか。

こうした導入のやりとりには、おそらくはこれから子どもたちに資料を読ませるにあたって、導入においてその資料内容や内容項目に子どもたちを近づけようとする意図があります。子どもたちの経験を想起させることによって、それらの経験と資料内容とを関連づけて考えさせたい、教師のそうした意図がこのやりとりをさせるわけです。しかもそこには、「先生は一人一人の意見を尊重するよ」「何を言っても構わないんだよ」という自由空間をつくる意図までもっているというのです。

しかし、もしも本気で導入段階にそのような機能をもたせようとするのであれば、最低でも①経験を箇条書きで列挙する、②列挙された経験に優先順位をつける、③グループ交流によって発想を広げる、④改めて経験を想起し直す程度の段階が必要なのではないでしょうか。或いは六〜八人グループをつくり、ブレイン・ストーミングする手もあるかもしれません。私の実感からすれば、いずれにしても二十分から三十分くらいの活動にならざるを得ません。このくらいの手立てを講じなければ、経験の想起と自由空間の醸成などできるはずがない。私にはそう思えるのです。

一般に、道徳授業では指導段階として「導入」「展開」「終末」という三段階が用いられます。授業としては展開部・終末部が中心活動となりますから、導入にはどうしても最低限の時間しかかけられない。しかし、それでも授業への方向づけ（＝オリエンテーション）として形を整えなければならないとの思いが、このような機能しない、ありきたりの、子どもの忖度を引き出すことしかできない導入として定着してきたのだろうと思います。

道徳の授業に限りませんが、授業には必ず〈山場〉があるものです。その一時間の授業で最も子どもたちに広く深い思考を促したい場面です。多くの場合、そこでは某かの〈活動〉が組まれますが、それは多くの場合、「展開部」の後半に来ます。私はこの中心活動に至るまでの「導入」部から「展開」部前半までのすべてが、「授業のフレームづくり」だと捉えています。そして授業とは、「フレームづくり」＋「中心活動」でできていると考えているのです。

「授業のフレームづくり」とは、子どもたちに「思考のフレーム」「感受のフレーム」を形成することです。私はそこに授業開始から少なくとも十五分、長ければ三十分程度をかけます。三十五分間で「フレーム」をつくり、その後は本教材である5分のビデオをそのフレームを用いて視聴し、最後の五分で感想を書くだけ、そんな授業さえあります。実は授業段階を「導入・展開・終末」と捉える在り方は、授業を「現象」として捉えた授業段階です。確かに現象として捉えた方が授業を参観する側からは見やすいし捉えやすい。学習指導案で盛んにこれらの授業段階が用いられるのはそのせいでしょう。

しかし、授業は「現象」ではなく「機能」で考えるべきなのです。どんなに現象的に活発な授業だったとしても、子どもたちの中に深い思考がなく思いつきをしゃべっている程度なのだとすれば、それは機能していない「失敗授業」です。逆に、子どもたちに現象的活発さは見られなくても、与えられた課題に戸惑い、「自分なんかにあれこれ言う資格はない。いったいどうすりゃ良いんだ」「私にはわからない。判断できない……」と当事者意識をもって考えることができていたとすれば、それはその課題が子どもたちに大きく「機能した」ことを示すでしょう。それは現象的には「沈黙」であったとしても、機能的には「生産的沈黙」とでも言えるべきものであり、授業としては「成功」の名に値するのです。

授業を「機能」させるためには、中心活動で子どもたちが広く深く考えることが必要です。しかし、中心活動が機能するためには、中心活動に当事者意識をもって望めるようなフレームづくりが欠かせないのです。授業は「フレームづくり」＋「中心活動」という構造をもっているのです。

8 柔軟性の原理

私の代表的な自主開発授業の一つに「主文　被告人を懲役…年に処す」(中三) があります。既に別の著書で報告している授業なので詳細はそちらを参照していただきたいのですが、概ね次のような授業です (『アクティブ・ラーニングの条件　しなやかな学力、したたかな学力』堀裕嗣著・小学館・二〇一九年)。

二〇一五年二月、上地まりな被告 (28歳・仮名) による殺人事件が起こりました。被害者は同居していた男性 (48歳) で、刃物で刺された後に金属バットで何度も殴打され死亡に至りました。殺害の動機はいわゆる別れ話のもつれ。男性に別れ話を持ち出され、被告がカッとなって殺害したということです。また、現場からは血のついた刃物やバットが見つかっており、上地被告は「私がやったことに間違いありません」と罪を認めています。概ねこうした事件です。

生徒たちにこの事件を紹介した後、「自分が裁判員としてこの被告を裁くとしたら」と仮定して思考させていきます。物的証拠も揃っており被告も罪を認めていますから、有罪・無罪の判断が争われる事案ではありません。問題は量刑です。当初、生徒たちは自らの感覚で多様に判断します。もちろん、小集団を用いて交流もします。

その後、実際の裁判で論点となった五点を提示します。①二人は年の差カップルであり、常に被害者側に主導権があったこと、②被告は事件当時無職であり、経済的に被害者に依存していたこと、③二人は銀座の高級クラブの幹部社員と元ホステスとして同僚であったこと、④被害者が「お前にもう愛情はない。あるのは情けだけだ。空気のようにしていろ」との暴言を被告に浴びせ、「別れるくらいなら殺しちゃおう」と思ったと被告が供述していること、⑤殺意を抱いてから殺害方法を検索し、凶器を買いに行くなど、ある種の計画性があること、以上の五点です。これらの情報を提示すると、生徒たちの多くは当初の量刑判断よりも重くします。動機の短絡性と殺害の計画性がそうした判断をさせるのでしょう。ただし、女子生徒を中心に「空気のようにしていろ」という被害者の台詞をあまりにひどいと感じ、減刑すべきとする者も少なからず出てきます。

更に、証人の証言や弁護側の意見陳述などを模して、次のような論点を提示していきます。①被告が二十歳のときに性転換手術を受けた元男性であり、現在は戸籍も女性であること、②銀座のクラブ時代から被告が被害者を信頼し、頼り切っていたこと、③被告が幼い頃から性同一性障害に悩み、両親から「男らしくしろ」と言われ続けて育ったこと、④性同一性障害の他、知的障害、自閉症スペクトラムと三つの障害があり、コミュニケーション能力の欠如、物事に執着し軌道修正ができない傾向を抱えていたこと、⑤中学一年時にいじめに遭い、その後、十九歳までの六年間引きこもっていた経緯があること、の五点です。生徒たちはここで深く困惑します。情状酌量の有無の判断とはこういうことか……、と判断の難しさに直面するからです。小集団交流も重苦しい雰囲気が続きます。

ここで、実際の判決が検察側の求刑十八年に対して懲役十六年であったこと、上地まりな被告が上訴せず、現在は刑に服していることを確認した後、次のように問います。

「さて、上地受刑者が事件を起こす十五年前。上地受刑者は二十八歳で事件を起こしていますから、十五年前は中学一年生です。彼女がまだ男子中学生として学校に通い、いじめられ、不登校になったとされている年のことです。この十五年前、皆さんが彼女と同じクラスだったとしましょう。そして先生がその学級の担任だったとしましょう。私たちにはこの事件に対して、まったく責任はないのでしょうか。もちろん、法的に責任を追及されることはないでしょう。でも、『ああ、上地って子、いたよねえ』と笑っていて良いものでは決してないと思うのです。私たちには彼女に何かしてあげられること、しなければならなかったこと、決してしてはいけなかったことがなかったのでしょうか」

この後、小集団交流を行います。二時間続きで授業ができる場合には、ワールド・カフェを行います。交流にあたっては適宜、①中学一年生の学級でいったいどんないじめがあったと想像されますか、具体的に考えてみましょう、②上地受刑者が引きこもっていた六年間、どんな生活を送っていたと思いますか、具体的なエピソードを考えてみましょう、③中学一年時の同級生だった私たちにはいったい何ができたでしょうか、何をすべきだったでしょうか、或いは何をすべきでなかったのでしょうか、という三点の視点を与えます。二時間続きの授業でワールド・カフェをする場合には、これらがラウンド1からラウンド3まで、各ラウンドの「問い」になります。

一般にこの授業を立案すれば、裁判員裁判を模したやりとりを中心とした授業が構想されるでしょう。しかし、私の授業では中心活動はあくまで最後の交流活動です。それ以前の裁判員制度を模した活動はフレームづくりに過ぎません。ファシリテーション的に言えば、三十分近くをかけた壮大なインストラクションであるわけです。私に言わせると、世の多くのファシリテーション実践は、インストラクションにおいて「子どもたちを本気にさせること」に失敗しています。この授業はそうした授業に対するアンチテーゼとして開発しました。

道徳の授業には、①フレームづくりと中心活動とのそれぞれにかける時間の柔軟性、②ひとたび交流が始まれば、あくまで子どもたちの感性を信頼して任せてしまう柔軟性、この二つの「柔軟性」が絶対的に必要なのだと考えています。

9

収斂性の原理

子どもたちの興味を惹きつけられるようなおもしろい導入を思いついた。うん、これはいける。授業づくりの手応えを感じる。子どもたちも深く考えてくれるに違いない。もしかしたらこの授業に深く感じ入ってくれるかもしれない。授業づくりへの意欲が湧いてくる。構想が、活動が、指導言が、次々に湧いてくる。ところが、導入で子どもたちを惹きつけ展開で活発化する活動を立案できたというのに、その先が進まない。終末が決まらない。いや、このままいけばそれにふさわしい終末はなんとなくわかる。でも何とも言いようのない違和感がある。無理強いしなくてはならなかったり、きれいごとを言ってまとめなくてはならなかったり、あんなに深く考えたのに言葉にすると月並みなありきたりの言葉にならざるを得なかったり……。いやいや、これじゃいけない。自分がやりたかった授業はこんなまとめではいけない。何かいい終末案はないだろうか。ここでぱたりと授業構想が止まってしまう。

こんな経験を誰もがもっているのではないでしょうか。

実は授業を導入からつくって終末で戸惑うということは、その授業の核心が見えないままにつくり始めることを意味しています。どのような授業でも、授業の核心は間違いなく授業展開の後半から終末にかけてにありますから、その段階での立案に戸惑うということ、或いは導入・展開との整合性に違和感を抱くということは、導入・展開と終末とが不整合を起こしているということです。終末が決まらないというのは、何のことはない、授業の最初と最後とが齟齬を来しているわけです。

最初におもしろい導入を思いつく。それは確かに悪いことではありません。思いつかないよりもはるかに良い。しかし、その導入はその導入の活動がおもしろいというだけで、実はその導入活動が「おもしろい活動として完結したもの」を思いついたということに過ぎないのです。その授業で扱おうとしている本質から生み出された導入ではないのです。ですからその導入に合致した展開部前半までは流れるものの、終末に連動させなければならない段階になったところで齟齬を来し、違和感が生まれるのです。この戸惑いにはそうした構造があります。

こういうつくり方をすると、多くの場合、結局は終末を教師の説話で終わらせるということになります。教師が語るのであれば、導入から展開への活動のポイントを拾いながら、なんとか一時間の整合性を担保することができます。しかしそれは多くの場合、「説話」と言えば聞こえが良いですが、本質的には「説教」に過ぎないものになりがちです。本来は子どもたち自身が話し合いの中で、或いは絵本の読み聞かせやビデオの視聴といった中心活動（終末活動、或いは展開部後半の活動）の中で自ら思考していく、自ら気づいていくというのが理想であるはずです。

これを避けるには、実はそれほど難しくないポイントがあります。授業を「前」からつくるのではなく、「後ろ」からつくるのです。要するに終末からつくるわけです。「この教材では最後に何をすれば授業が成立したと言えるのか」「この教材では子どもたちが何を感じたり何について深く思考したりすれば目標が達成できたと言えるのか」を最初に考えるわけです。それは取りも直さず、授業を核心からつくることを意味しています。「授業を〈後ろ〉からつくる」ということは、「授業を〈核心〉からつくる」ということと同義なのです。

「授業の中心活動」を最初につくる。それは「授業の山場」を最初につくるということです。すると、それ以前の学習活動はすべて、「中心活動」に至るための「授業のフレームづくり」ということになります。そしてそれは言い換えるなら、「授業の山場」に至るための「布石」を打つことなのだと言えます。私は授業というものを、例えば良質な演劇や漫才のように、プロローグからさまざまな布石を打ち、エピローグでそれらのすべてを回収する営みだと捉えています。

例えば、授業の中心活動が「話し合い活動」であるならば、授業のフレームづくりとしてはその話し合いで論点となるべきポイントや話し合うための観点が布石として提示されていなければなりません。こうした論点や観点が事前に提示されているからこそ子どもたちはスムーズに話し合いに入れるのであり、それらが提示されているからこそ交流によって深い思考にも至ることができるのです。自らの経験と知見だけで大きな、しかもこれまで考えたこともないような課題に正対しながら話し合うなどということは、実は大人でもできるものではありません。

例えば、授業の中心活動が絵本の読み聞かせやビデオ視聴といった、いわば「昇華型の活動」であるとすれば、その絵本に触れたり映像を見たりするうえで思考したり感受したりすべき視点や観点が布石として与えられていなければなりません。事前に授業のフレームとして視点・観点が与えられているからこそ、子どもたちはその昇華教材に深く思考したり感じ入ったりすることができるのです。

私はこれを「授業フレームは中心活動に収斂する」という言い方をしています。とかく「収斂」と言うと、子どもたちの意見を教師の意図どおりに一つにまとめていくことが想定されがちですが、授業のフレームづくりによる布石の打ち方によって、子どもたちの視点・視座を中心活動に収斂させていくという「機能的収斂」もあるのです。

10 増幅性の原理

教科書教材にしても自主開発教材にしても、多くの道徳教材は内容項目を一つに絞るために無理な加工がなされる傾向があります。

小学校のすべての出版社の教科書で採択されている教材に「手品師」があります。確かにあの文章内容だけを見れば大劇場への出演を捨てて子どものところへ行くことが「誠実」と言えますが、条件が変わればその理屈はまったく通らなくなります。例えば、手品師に妻がいて、「この人には夢があるから」と貧しさに耐えながら長く手品師を支え続けていたとしたら、子どものもとに行くことは不誠実となり得ます。また、手品師に病気の母親がいて、貧しさ故に満足な治療も受けさせてあげられないできたとしたら、これまた手品師の選択は圧倒的な不誠実です。もしも電話をかけてきた友人に以前に大きな借りがあったとしたら、これもまた手品師の行為はこの友人に対して不誠実となるでしょう。多くの道徳教材は内容項目について思考するのに適さない、さまざまな条件を捨象したところに構成されています。これで「多面的・多角的」に捉えようと言うのですから笑止千万。私にはこのことが正直、「ただし、摩擦は考えないものとする」という実際にはあり得ない状況で純粋に抽象的にだけ考えさせようとする物理の問題のようにさえ見えてしまいます。

ある出来事を教材化したいと思います。ＳＮＳ上には道徳授業の教材として使いたくなるような記事や画像、映像が日々流れてきます。しかし、現実の出来事はその因果関係にさまざまな視点・観点が混在しており、なかなか内容項目を一つに絞れるようなものは存在しません。「これは教材化したい！」と思って授業づくりを始めてみると、この視点もあるしあの視点もある、この観点もあるしあの観点もあると、だんだんどの内容項目の授業にすべきなのかがわからなくなってくる。そういうことがよくあります。

そうしたとき、私は二つの授業のつくり方をします。

一つは、その出来事の本質を捉えるにあたって、考えるべきどのような観点があるかということ、それ自体を思考させる授業です。

私のこのタイプの代表的な授業には、二〇〇八年の秋葉原無差別殺傷事件を取り上げたものがあります。事件の概要とともにマスコミの報道、ネット上の反応などを紹介したうえで、この事件がさまざまな社会問題を顕在化させたこと自体を取り上げます。

(1)格差社会

事件の起こった二〇〇八年は非正規雇用のいわゆる「派遣切り」が社会問題化した年であり、年末に「年越し派遣村」が大きくマスコミに取り上げられた年だった。

(2)恋愛格差・コミュニケーション格差

犯行直前の「勝ち組はみんな死んでしまえ」という犯人の投稿に注目が集まり、キャリア格差、賃金格差が大きく話題となったが、文脈から見てここで言う「勝ち組」は恋人や友人をもついわゆる「リア充」のことを指していた。

(3)犯罪者の英雄視

犯行が行われた六月八日は、いわゆる「附属池田小事件」と同日(二〇〇一年)であり、犯行の手口は土浦連続殺傷事件(二〇〇八年三月)が模倣されていた。加えて犯人は「酒鬼薔薇聖斗事件」「佐賀バスジャック事件」の少年たちと同年齢であり、生育過程において決して小さくない影響を受けたものと思われる。

(4)加害者家族の人権

加害者家族はカメラの前で泣き崩れる姿が報道され、精神を病んだり失踪したり自殺したりしている。

(5)被害者の人権

被害者の多くは実名報道され、顔写真が公開され、葬儀をはじめ、被害者遺族のもとにも取材陣が殺到した。

(6)マスコミの報道姿勢

事件直後、スクープを焦るあるマスコミ機関が犯人を取り押さえた警察官のミスによって一時犯人を取り逃がし、その間に二人が殺傷されたと報道し、後にその事実がなかったことがわかり謝罪した。

(7)不謹慎な人々

現場にいた人たちの写メによって被害者の現場写真がネット上に拡散した。犯人に関連する施設に野次馬が集まり、その画像がネットで拡散されるなどした。

おそらく他にも多々あるのだろうとは思いますが、少なくとも一つの事件からはこの程度の社会問題的な観点はすぐに抽出できるわけです。

さて、もう一つは、一つの出来事から複数の授業を開発することです。

私は北海道札幌市在住です。二〇一八年九月には胆振東部地震がありました。最も被害が大きかったのは勇払郡厚真町の吉野地区という集落です。私はいま、この胆振東部地震を題材とした道徳授業を、二十二の内容項目すべてでつくることに取り組んでいます。馬鹿げたこと……と思う向きもあるかもしれませんが、北海道に住む者として地域で起こったこれだけ大きな被害をさまざまな観点から検討したいという私の思いを具現しています。「多面的・多角的に捉える」「自己の生き方について考えを深める」と言うのであれば、教師の姿勢としてもこの程度のことに挑む構えをもつべきだと私は考えています。

第二章

道徳授業一〇〇の原則

〈教科書道徳〉の構造

教科道徳が始まって数年が経過し、教科道徳導入議論の喧騒は落ち着きを見せました。週一回の道徳授業もほぼ定着してきました。しかし、道徳授業が機能しているかと問われると、何とも心許ないというのが正直なところではないでしょうか。

その原因は何かと考えたとき、私はその一つに道徳教科書の質の低さがあると感じています。内容項目を先鋭化しようとするあまり、日常生活ではあり得ない設定が施される。読んでいて恥ずかしくなるような綺麗事が展開される。子どもの実生活からあまりに遠い人物が紹介される。思想的な主張を忌避するあまり、扱われて

いる事象の背景が描かれず、意味のわからないものになっている。理由はさまざまですが、それをもとに思考し議論するには情報が足りないという教材が多すぎるのです。

授業構成も推奨されるのはワンパターンのものが多く、年間三十五時間もあるというのに、授業展開の多様性が担保されません。各教科で長年研究されてきたさまざまな知恵も活かされていません。

道徳授業づくりの原則を考えていくにあたって、ここではまず、教科道徳が曲がりなりにも定着してきたからこそ見えてきた問題点、今後、質を向上していく上で必要な観点について述べていきます。

〈教科書道徳〉の構造

1　教科道徳の形骸化が始まった
2　道徳教科書がひどい
3　学ぶ側の地域性に配慮がなされていない
4　世代間格差に配慮がなされていない
5　道徳教科書は未成熟である
6　道徳は「教材を」教えている
7　道徳は板書も古くさい
8　「考え、議論する道徳」は美辞麗句に過ぎない
9　説話にはメタ認知的構造化が必要である
10　道徳授業にも内容項目の関連指導が必要である

1 教科道徳の形骸化が始まった

教科道徳が始まって数年が経過しました。道徳教科書への違和感も払拭され、自分が週一回道徳の授業をすることにも違和感なく取り組めるようになりました。道徳授業の安定的運営も、評価手法も、各校でほぼ定着したことでしょう。

何事もそうですが、学校現場に新しいシステムが導入されると、最初は抵抗が生まれ、軋轢が生じますが、数年が経過するとその「抵抗の波」「軋轢の波」も「時化」のような荒波が急激に去ってしまい、静かな「凪」が訪れます。台風一過、現場は何事もなかったかのように日常を取り戻すのです。

しかしそれは、本質的に言えば「形骸化」のはじまりに過ぎません。「総合的な学習の時間」がそうでした。二〇〇二年に大々的に創設され、激しい抵抗と軋轢を生み出した「総合的な学習の時間」もいまは誰も意識しないような凪と化しています。もうそれがあることを誰もが当然と思い、現在は多くの学校で、機能しない「キャリア教育」や意識の表層で叫ばれる「SDGs」に堕しています。形骸化したのです。「情報だ！」「環境だ！」「福祉・健康だ！」「国際理解だ！」「いやいや、学び方をこそ学ぶのだ！」といったあの大騒ぎはいったい何だったのだ。当時を知るベテラン教師の一人として、眉をひそめる自分がいます。いろいろと言い方はあるでしょうけれど、要するに形骸化したのです。教科道徳にも、凪とともに、そうと意識されないままに日々形骸化が進んでいるのです。

だって「総合的な学習の時間」も教科道徳も、学習指導要領を読めば、現場教師が凪の中を漂っていられるような場合ではない、壮大かつ荘厳な理念に包み込まれているのです。しかし、誰もそれを意識しない。むしろ年度当初に立てられた計画通りに淡々と、粛々と進めていくものになっています。これを「形骸化」と言わずに何と言えましょう。

「総合的な学習の時間」はいくらその授業時数が多くても、それは活動的です。一つ一つの授業で取り上げられた指導事項は、子どもたちの経験の中で帰納的に形づくられていくものです。これに取り組めと活動は押し付けられたとしても、思考方法や問題意識を押し付けられるわけではありません。

しかし、教科道徳は年間三十五時間も授業すれば、子どもたちに演繹的に機能します。こう考えるべきだと思考方法を規定したり、これに関心をもつべきだと問題意識の在り方を規定したりします。この思考法、この問題意識をもって生涯過ごせと。それが九年間続くのです。私たちは、もう少し真剣にこの影響力の大きさを考えるべきではないでしょうか。質の担保にもう少し真剣に取り組むべきではないでしょうか。このまま凪に甘んじ、形骸化させていて良いとは、私にはとても思えないのです。

2 道徳教科書がひどい

教科道徳を数年間経験してみて思うのは、教科書がひどい、ということです。

特に「礼儀」の教材は、各社、「本気でこれを良い教材だと思って載せてるの？」と爆笑してしまいそうなひどさです。試しに皆さんも自校採用教科書の「礼儀」の教材を読んでみるといい。おそらく道徳教育界の「内容項目限定主義」が、他の項目と重ならないようにと「礼儀」だけを抽象した教材をつくろうとするあまり、あのような薄っぺらい紙のような教材文ができるのでしょう。いいえ、本音を言えば、まるでトイレットペーパーのような、子どもたちのもとに残ることなく流されてしまうであろう教材を掲載することになっているとさえ感じます。

あの教材を学校教育に携わらない一般の人々が読んだら、「こんなお話で授業がなされるのか」と、やはり嗤ってしまうのではないでしょうか。一般に礼儀正しさ、特に挨拶の大切さを文章で表そうというとき、どうしても抽象的でありきたりな言葉にならざるを得ません。そしてそれでは説得力をもちません。ちょうど、「挨拶は大切だ」という話を教師が子どもにしようとするとき、どうしても一般論にならざるを得ないように。同じ思いがあのような教材の体をなさない教材にさせてしまうのだろうと想像します。

3 学ぶ側の地域性に配慮がなされていない

また、「郷土の伝統・文化」も気になります。

そこには各地の郷土で文化を担おうとする意欲的な人物、文化を伝承し続けてきた荘厳な人物が紹介されます。しかし、私の住む北海道の子どもたちから見れば、理解できない遠い世界が展開されているだけです。北海道は歴史の浅い地域です。千数百年にわたる伝統的気質などもたない地域です。民俗学的な感性も根づいていません。

もちろん、道民であったとしても、大人が読めばそれなりに感動し、学びの成立するような教材ではあります。しかし、もう少し地域実態に配慮した教材を配置しても良いのではないか。せめて「郷土の伝統・文化」については、各社、地域版教材を開発するべきではないか。正直そう思います。

ただしこの問題は、地教委の教科書至上主義の問題も大きく影響しています。自主教材開発が進めば解決する問題に過ぎません。おそらく教科道徳を定着させる意図をもって厳しく教科書を使えと言っている、導入期特有の初期段階的施策だとは思いますが、「郷土」だけは自主教材開発を推奨すべきでしょう。学習指導要領だってほんとうはそれを推奨しているわけですから。

4 世代間格差に配慮がなされていない

大人にとっての常識をそのまま掲載している、という難点もあります。

中学二年のある教材に、出産をテーマに仕事をしているフォトグラファーの話があります。実際に撮影した写真を紹介しつつ、どういった想いでそのテーマを選んだかが語られているわけですが、しかしその後突然、その想いは阪神・淡路大震災で経験した想いとよく似ていると展開していきます。おそらく筆者としては出産を撮影するという話だけではわかりにくいと思い、震災の経験を挿入して「命」に対する想いを関連させることで説得力を高めようとしたのでしょう。しかし、それは逆効果になっていると私は思います。

言うまでもなく、関西の震災は一九九五年のことです。現在（二〇二二年度）の中学二年生は二〇〇八年四月から二〇〇九年三月に生まれた世代です。阪神・淡路大震災は既に歴史と化しています。国語科のように教科書教材を読解する場面があるわけではありませんから、短い具体例として挿入するには、少々無神経と言わざるを得ません。

私自身は、もともとつくっていた胆振東部地震の授業の一部を二十分ほど挿入することで対応しましたが、一般に道徳の授業は直前にばたばたとつくられるのが現実ですから、そうしたことができない教師が圧倒的に多いはずです。

5 道徳教科書は未成熟である

まだ始まったばかりで、教科書編集が成熟していないという事情はあります。その意味で、仕方ない面があるのは確かでしょう。しかし、国語の教科書を長く編集している出版社までがひどい教材を並べていることに、私は道徳の世界の暗黒を感じています。おそらく道徳の世界には道徳の世界特有の考え方があって、長年培われた国語教科書編集の最低限のノウハウさえ活かされていないのです。

私は国語教師ですから、道徳教科書の原文を尊重しない姿勢も気になります。小学校の教材になっている斎藤隆介の「花咲き山」などは、道徳の特性に従って、物語の中核をカットするという愚を犯しています。これは国語教師としては文学に対する「冒涜」に見えます。もちろん子どもに授業する教材とするわけですから、国語教科書にもさまざまな改変はありますが、さすがに道徳教科書ほどひどくはありません。

しかも、国語科は教科書教材を読解する段階がありますから、教師がさまざまな面で教材をカバーしフォローすることができます。しかし道徳はそういうわけにはいきません。基本的に単発一時間の授業です。教材を読解していては、ちょっとした難点があるだけで一時間が読解だけで終わってしまいます。

6 道徳は「教材を」教えている

かつて国語教育の世界で、「教材を教えるのか、教材で教えるのか」という論争がありました。つまり、授業における指導内容というものが、「教材の中」にあるのか、それとも「教材の外」にあるのかという論争です。例を挙げるならば、例えば「ごんぎつね」を授業するということは、「ごんぎつね」という物語そのものを読解・鑑賞することを目的としているのか、それとも「ごんぎつね」という物語を読むことを通して「読解の仕方」「鑑賞の仕方」を学ぶことを目的としているのか、ということです。

この論争には国語教育界では既に決着がついていて、「教材で教える」派が圧倒的優勢です。学習指導要領ももちろんこの立場を採っています。「ごんぎつね」は教科書全社が採用している教材の一つですが、それはすべての教科書出版社が採用しているというだけで、教材の入れ替えは可能です。学習指導要領の指導事項に「『ごんぎつね』を的確・適切に読めること」とはどこにも書いていません。実際の授業でも、現在は「ごんぎつね」自体を詳しく読んでそれで終わり、という授業はまず行われていないと思います。

しかし、教科書道徳の授業は現在、そのほとんどが「教科書を教える」授業になっていると私は感じています。もちろん多くの道徳実践家は「そんなことはない。ちゃんと教材を通して内容項目を扱っているのだ」と言うでしょうが、そうはなっていません。あくまでその教材内でしか言えない内容項目を扱っているのです。

「ごんぎつね」で読解の仕方・鑑賞の仕方を指導するというとき、国語科では「ごんぎつね」が例外的に採用している、つまり「ごんぎつね」にしか通用しない読解法・鑑賞法は極力指導事項から排除されます。或いは扱われたとしても、一般的でない例外的な方法であると注釈がつきます。「ごんぎつね」では用いられていないが汎用性のある読解法・鑑賞法があるとしたら、それも「今回は使われていないけれどこういうのもあるんだよ」と並列的に指導されるはずです。

しかし、道徳では現実的にそうなっていません。教委があまりにも教科書道徳を強調し過ぎることによって、教科書教材に閉じられた、発展性のない内容項目指導に堕しています。「手品師」を授業するときに、「手品師」ではこうしたことが考えられていない、実は「正直」や「誠実」にはこういう側面もある、むしろそちらが一般的だというような指導は決して行われません。主人公の「手品師」に寄り添い、追体験し、せいぜいそれを客観視することが求められるだけです。

少なくとも道徳授業においては、「教材を・教材で」論争の決着はついていません。「教材で教える」の指導過程・指導理論が未成熟なのです。

7 道徳は板書も古くさい

ＳＮＳ上で実践者が道徳授業の板書を上げるのをよく見ます。そこには構造板書と貼り物を駆使し、美しくまとめられた板書があります。僕がそれを見てよく思うのは、「これは一九六〇年代から一九八〇年代までによく見た国語科の物語教材の板書だな」ということです。一つの物語教材が十数時間の時数をかけて指導されていた時代です。

学校教育界が教養主義を旨とし、系統主義的教育観で運営されていた時期、文学教育はその物語教材に内在する徳目まで大きく深く扱っていましたから、こういう板書がよくありました。いわゆる「課題解決学習」が隆盛を極め、現場の隅々まで深く浸透していた時期の板書、現在の道徳授業の板書はそれによく似ています。僕は現在五十代の半ばですから、ちょうど僕らの世代が受けていた国語の授業です。

こうした板書は、国語の世界に長くいる私にとっては、既に捨てられた板書形態ですから、見ていると懐かしささえ感じます。しかも私にも経験がありますが、教材に合わせて適度に構造化され、適度に子どもたちの意見も書き込まれるので、教師としてはある種の満足感を抱くことができます。「やった感」があるのです。こうした板書が道徳の実践家と呼ばれる人たちを筆頭に流布されていることにも、私は違和感を抱きます。

8 「考え、議論する道徳」は美辞麗句に過ぎない

「考え、議論する道徳」という美辞麗句も違和感があります。〈マイクロ・ディベート〉でメリット・デメリット方式を用いて検討するとか、〈ラウンド・ロビン〉を用いて合意形成を図るとか、〈ワールド・カフェ〉を用いて徹底して交流して拡散思考を促すとかといった工夫がなされるわけでもありません。多くの「考え、議論する道徳」と称される実践は、ある観点に従ってほとんど言いっ放しの発言を促しているだけです。ほんとうにこの人たちは思考するということ、議論するということがどういうことなのか、根詰めて考えたことがあるのかと疑わしく思われるほどです。

国語科の話ばかりで恐縮ですが、長く系統主義的教育観で運営されてきた物語の授業も、一九八〇年頃から経験主義的教育観と個性化教育の台頭によって「読者論的読み」が推奨され、子どもたちの多様な読み・主体的な読みが叫ばれるようになりました。しかしそれらの多くは言いっ放し、言わせっ放しの「パナシの授業」と揶揄されました。「放牧的な授業」「読みのアナーキズム」と揶揄されもしました。

しかも道徳は、子どもたちから出されたアナーキーな意見を、「説話」という名の教師の説教でまとめられるのですから楽なものです。

9 説話にはメタ認知的構造化が必要である

例えば、「ウサギとカメ」を例に考えてみましょう。「ウサギとカメ」を子どもたちに読ませた上で、この物語が伝えたい徳目は何かと問うたとします。一方の子どもたちは、これは要するに「油断するな！」だと答えます。もう一方の子どもたちはこれは「努力する者は報われる」だと主張します。喧々囂々の議論が交わされ、教師が「いろいろな読み方があるね」とまとめます。

これが「放牧的な授業」です。答えはなく、その読みは「アナーキー」です。そうした授業を受け続けた子どもたちは、答えはないのだ、思った通りに言えばいいのだ、要するに「どうでもいいのだ」になっていきます。

しかし、「説話」と言うのなら、「考えはいろいろある」を前提としながらも、「油断するな！」と読み取った者たちはこの話をウサギの視点から捉え、「努力する者は報われる」と読んだ者たちはカメの視点から捉えている、ということくらいは確認すべきでしょう。「どうやら、この世にはウサギに親近感をもつタイプの人たちと、カメに親近感を抱くタイプの人たちとの二通りがあるらしい」くらいのメタ認知化も図るべきでしょう。更に言うなら、「この違いはどこから来るのか」と問い返せば、子どもたちの思考は自らを省みる方向へと向かうはずです。道徳授業のまとめとしての「説話」と言うのなら、この程度の「メタ認知的構造化」がなされて然るべきなのではないでしょうか。

私が言いたいのは、子どもたちの意見を捌き、その後に子どもたちの意見を踏まえながら「説話」としてまとめるには、その教材を深く読み込む「読解力」が必要なのだということです。「ウサギとカメ」のような短い寓話、しかも二派討論でしかないものでさえ、メタ認知的構造化にはそれなりの読解力が必要です。構造的な読解力、テクスト論的な読解力が必要とされます。これが教科書にして三頁から四頁にわたる道徳教材で、しかも三派討論、四派討論ということになれば、相当な「読解力」が必要とされます。

しかし、道徳の授業をする教師の多くは、教材を読み込むということをほとんどしません。そもそもそれが必要だとの認識さえもっていません。正直に言えば、私は道徳授業をする教師のほとんどに、子どもたちにメタ認知的構造化を図れるほどの読解力など身についていないというのが現実だと思っています。この能力は中学校の国語教師でさえ身についていない人が多い、高度な能力なのですから。

その高度な能力を必要とされるものが、直前にばたばたとした表層的な教材研究がなされて指導計画が立案されるのみで、授業実践にかけられる。それが現在の教科書道徳の実態なのです。質の担保など、できるはずもありません。

10 道徳授業にも内容項目の関連指導が必要である

国語科に「読み書き関連指導」という「読むこと」と「書くこと」とを連動させて指導効果を高めようとする考え方があります。国語は長く、「話すこと・聞くこと」「書くこと」「読むこと」という三領域に「言語事項」が加わり、「三領域一事項」で運営されてきました。それ以前は「表現領域」「理解領域」「言語事項」と二領域一事項でした。つまり、「読み書きの関連指導」は領域をまたがっての関連指導であったわけです。

国語科において領域をまたがっての関連指導が要請されているというのに、道徳では内容項目を関連させて指導してはいけないと言われます。

しかも、国語科は言語教育ですから、純粋に言語活動として「読むこと」と「書くこと」とは厳然と分かれています。文字言語でも音声言語でも正反対の思考が働きます。

しかし、道徳は「誠実」と「礼儀」を分けなくてはなりません。「相互理解」と「集団生活」を分けて指導しなくてはいけないというのです。「礼儀」を伴わない「誠実」がないとは言いません。しかし、人間の日常生活に「誠実さ」が「礼儀」との連動なしに展開されることはほとんどあり得ないと言って良いでしょう。「相互理解」なき「集団生活」も現実の具体的な生活の中にはほとんど見られません。なぜ、関連指導が許されないという方向性が推奨されるのか、私には皆目見当もつきません。まさか道徳授業が、現実から遊離した思考を求めているとも思えません。しかし、実際の現場の授業では、そうした現実から遊離した授業が求められるのです。これも道徳授業が機能しない、大きな理由の一つだと私は考えています。

これまで何度も申し上げてきましたが、教科道徳はまだまだ未成熟です。未成熟でありながら道徳授業の地位を固めたいからか、各教科の百年以上にわたる先行実践、先行研究がまったく活かされていないのです。それでいて、やはり地位を固めたいからか、別葉をつくれと各教科には入り込もうとするわけですから、その思考サイクルが私にはまったく理解できません。道徳よ、もう少し謙虚になってはどうか。正直、そう思います。

教科書道徳は、どう贔屓目に見ても機能していません。確かに教科書道徳の「現象」はあります。全国のすべての教室で毎週一時間、紛れもない現実として現象しています。しかし、「機能」していないのです。少なくとも機能性が低いのです。それもその機能性を高めるためのさまざまなアイディアがあるというのに、道徳自体がそれを拒否しているのです。道徳よ、もう少し謙虚になってはどうか。正直、やはりそう思うのです。

教科道徳が始まって、或いは教科書道徳が始まって数年が経過し、私の中でこの違和感は年々大きくなってきています。

〈シンクロ道徳〉の構造

教科書道徳を展開するにあたって、現状にどのような問題があるのかについて前節で述べてきました。要するに、このままでは道徳授業の質を担保することができないということです。その解決として私が提案しているのが、〈シンクロ道徳〉です。

〈シンクロ道徳〉とはごくごく簡単に言えば、教科書教材の授業において、「ソロ」「縦のコラボ」「横のコラボ」という三種類の授業形態を想定しよう、という提案です。「ソロ」とはその教科書教材のみを用いて行う授業形態、「縦のコラボ」とは教科書教材を読んだ上で、それと内容的に関連する自主教材を扱う授業形態、

或いは自主教材を扱った上で教科書教材を読んでいく授業形態、「横のコラボ」とは、教科書教材ともう一つ自主開発教材を並列し、両者を比較・対比しながら進む授業形態のことです。これらの多様な授業形態を想定しながら、子どもたちの中でも教師の中でもさまざまな思考が「同期」していく、それが〈シンクロ道徳〉（＝同期する道徳）の要諦です。

ここでは、〈シンクロ道徳〉がどのような構造をもつかとともに、どのような効果があるのかについて、総論的に述べていきます。また、〈シンクロ道徳〉とALとの関係についても述べていきます。

〈シンクロ道徳〉の構造

1　自主開発教材とコラボレイトする
2　コラボレイトには三つの形態がある
3　「ソロ道徳」で物事を広く考える
4　「縦コラボ道徳」で物事を深く考える
5　「横コラボ道徳」で問題意識を生成する
6　「答えのない課題」は道徳のテーゼでもある
7　交流・議論は道徳でこそ最も生きる
8　生涯にわたって必要な思考体験を重ねる
9　同じようなテーマで繰り返し議論することに意味がある
10　子どもだけでなく教師の中でも〈シンクロ〉する

1 自主開発教材とコラボレイトする

前節において、教科書教材に阪神・淡路大震災の話題が出てきたときに、子どもたちが実感を込めて理解することができないと述べました。その際、私は子どもたちの記憶にも残っている胆振東部地震を代わりに取り上げたとも紹介しました。そしてその胆振東部地震の授業が、私がもともとつくり置きしていた授業であったとも述べました（六〇頁）。

それはちょうど、国語の授業において、教科書教材が子どもたちにとってわかりにくかったり教科書教材だけでは教育効果が薄いと判断されたときに、自主教材を補充教材や発展教材として持ち込み、教育効果を高めようとするのと同様の発想です。或いは社会の授業で教科書だけでは思考する上での資料が足りないと判断されたときに、教科書外のデータや新聞記事その他の資料を持ち込むのと似ているかもしれません。

いずれにしても、教科書教材だけでは不備・不足がある、この単元は教科書で知識としてのみ学ぶだけではもったいないといった理由で、補充教材や発展教材が持ち込まれることは、教科指導においては普通にあることです。しかし、道徳だけは、なぜか教科書教材のみで授業が展開されることが多いようです。そこで、他教科に倣って、自主開発教材とコラボレーションさせることで教育効果を高めようと発想したわけです。

2 コラボレイトには三つの形態がある

教科書教材を自主開発教材とコラボレイトさせることでその機能性を高めることを、私は〈シンクロ道徳〉と呼んでいます。そして、道徳にはそのコラボの仕方によって次の三つの授業形態があるとし、三つを分けて考えるようにしているわけです。

> 【 ソロ 】その教科書教材のみで行う授業形態。
> 【縦のコラボ】教科書教材を読んだ上で、それと内容的に関連する自主教材を扱う授業形態。或いは自主教材を扱った上で教科書教材を読んでいく授業形態。
> 【横のコラボ】教科書教材ともう一つ自主開発教材を並べ、両者を比較・対比しながら進む授業形態。

これらの授業形態は授業者の中で互いにシンクロし合うことによって授業の精度が高められ、子どもたちの中では複数の教材がシンクロし合ってその機能性を発揮するという意味で、〈シンクロ道徳〉と名付けたわけです。

3 「ソロ道徳」で物事を広く考える

「ソロ」とは、その教科書教材のみを用いて行う授業形態です。言ってみれば、普通の授業です。おそらく全国で行われている教科書道徳の授業の九分九厘は、この「ソロ」の授業形態であるはずです。

ただし、私の実感として言えることは、自主教材での授業を日常的に開発している教師のつくる「ソロ授業」と、自主教材の授業をつくったことがない教師のつくる「ソロ授業」とでは、似て非なるものが出来上がるということです。前者はその教科書教材を多角的な視点から見ようとしますし、後者は内容項目に沿った一面的な見方しかしません。前者はその教科書教材を批判的に見る眼差しをもち、子どもたちにも批判・批評させることを厭わない傾向がありますが、後者はその教科書教材を肯定的にしか捉えられず、子どもたちにも教材を肯定的な視点で見ることを強いることになります。

一般に、教科書教材の道徳の授業をつくる場合、多くの教師はその教材を内容項目に従った一つの視点から解釈しようとします。多くの地教委の指導主事も多くの地域で道徳授業研究をリードする教師たちも、内容項目と教科書教材との一致を長く当然のテーゼとしてきただけに、その発想から自由になれません。そのことが実は授業づくりの工夫の可能

【図1】

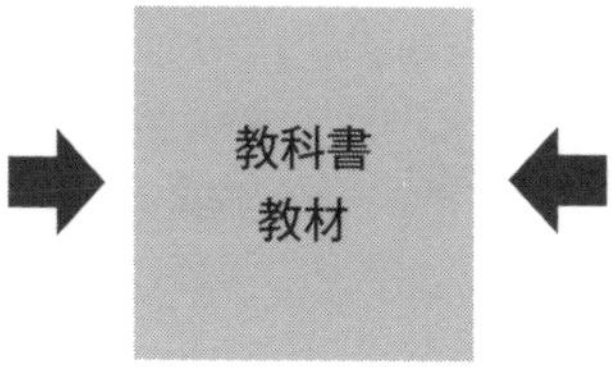

【図2】

性を妨げています（【図1】）。

教科書教材を用いて複数の視点で子どもたちに話し合わせようとする気の利いた教師でも、せいぜい教材を二視点から捉えて、双方の立場から話し合わせようとする程度に止まっています（【図2】）。これでは「物事を多面的・多角的に捉える」どころか、「一面的な捉え」になり、教材を解釈するうえで「死角」だらけになってしまいます。

学習指導要領が想定する更に上位の段階である「自己の生き方についての考えを深める」は、「物事を多面的・多角的に考える」ことを前提としている概念です。二視点から考えた程度では、その域までは到達し得ないのです。道徳以外の人文系・社会系の教科ならば、まず間違いなくこのように考えるのが一般的です。

「物事を多面的・多角的に考える」とは比喩的に

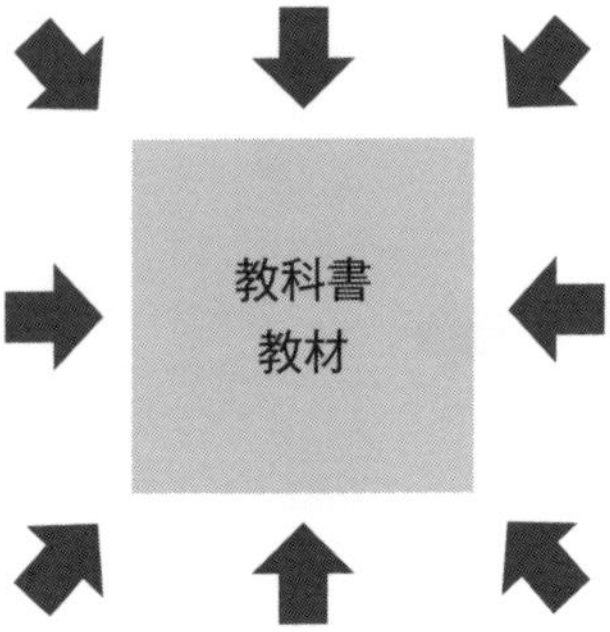

【図3】

言えば、思考に枠組みを強いることなく、いかなる可能性も捨象せずに考えることです（【図3】）。その意味では教師が思考の限界をつくることなく、批判的思考も批評的思考も許容するスタンスを貫かねばならないのです。

　しかし、子どもたちにはそれがなかなか難しい現実があります。発達段階的な難しさや個人的な特性もあるでしょうが、最も大きな要因は、学校教育がすべての教育活動において思考の枠組みを限定しがちであることです。子どもたちは一つの視点、或いは教師によって与えられた二つの視点で思考することに慣らされ過ぎているのです。そうした意味では、初期指導においては、教師が手を変え品を変えて、「多面的に考える」とはどういうことなのか、「多角的に考える」とはどういうことなのかをさまざまな活動を通して提示し続ける必要も出てくるかも知れません。

　しかし、そうした一視点・二視点で考えることに慣れてきたら、教師は意図的に「多視点」の授業を展開し、子どもたちに「物事を多面的に見るとはどういうことか」「物事を多角的に考えるとはどういうことか」を扱っていくべきなのです。

4 「縦コラボ道徳」で物事を深く考える

「縦のコラボ」とは前述した通り、「A．教科書教材を読んだ上で、それと内容的に関連する自主教材を扱う授業形態」、または「B．自主教材を扱った上で教科書教材を読んでいく授業形態」を指します。

どちらの場合も「縦のコラボ」ではありますが、Aのパターンは教科書教材で思考する観点を学び、本格的に考えるのは自主開発教材となるので、教科書教材の授業としてはBのパターンで考えるのが一般的かもしれません。つまり、自主開発教材で「授業のフレームづくり」を施し、そのフレームで教科書教材を読むという授業形態です。

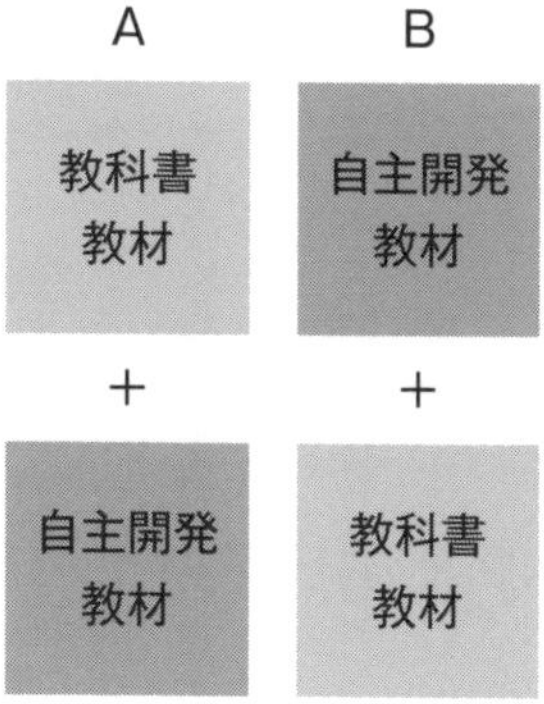

【図４】

前節でも述べた通り、道徳は「教材を教える」教科ではなく、「教材で教える」タイプの教科です。その意味で、内容項目の指導が機能するのであれば、コラボ教材を用意することは効果が高いと言えます。遠慮することなく自主開発教材をセットで教室に持ち込むべきだと私は考えています。

しかし、教科書教材とコラボさせる自主教材の質については、かなり大きく留意する必要があります。いくら同じ内容項目として機能する自主教材が用意できたとしても、コラボする自主教材が教科書教材と比べてあまりに重厚であったり、あまりに軽薄であったりするのは避けなくてはなりません。一般論として、例えば、不注意から相手に怪我をさせてしまったという教科書教材とコラボする自主教材として、不注意から相手を死なせてしまったという教材を持ち込むのは反則です。それでは教科書教材の内容が軽くなってしまい、教科書教材が機能しなくなります。

Aのパターン、即ち教科書教材を扱った後に自主教材を扱うというパターンであれば、前半より後半が重厚になることを意味し機能するようにも思えますが、それならば最初からその重厚な自主開発教材を用いてオリジナル授業を開発すれば良いのであり、教科書教材をダシに使うことになってしまいます。それは教科書教材の授業とは言えないでしょう。少なくともAパターンの授業では、一部の例外を除いては、教科書教材に比してあまりに重厚な教材は避けるべきでしょう。

一方、Bのパターン、即ち自主開発教材で「授業のフレーム」をつくり、そのフレームにもとづいて教科書教材を読むという授業であれば、自主教材が適度に重厚さや深刻さをもっていることは効果的である場合が多いと言えます。子どもたちの中でズシーンと響いたフレームであればこそ、教科書教材を読む場合にも的確に機能するという場合が多いからです。教科書教材内容を批評的に吟味させたり、批判的に捉えさせたりしたい場合には、「フレームづくり」の自主教材の重厚さ、深刻さは必要条件にさえなる場合があると言えます。

いずれにしても、「縦のコラボ」における自主開発教材は、ＡパターンにしてもＢパターンにしても、その質に大きく配慮しなければならないのです。どのような自主開発教材とコラボさせるかは、ある意味、「教師の腕の見せどころとなる」と言っても過言ではありません。

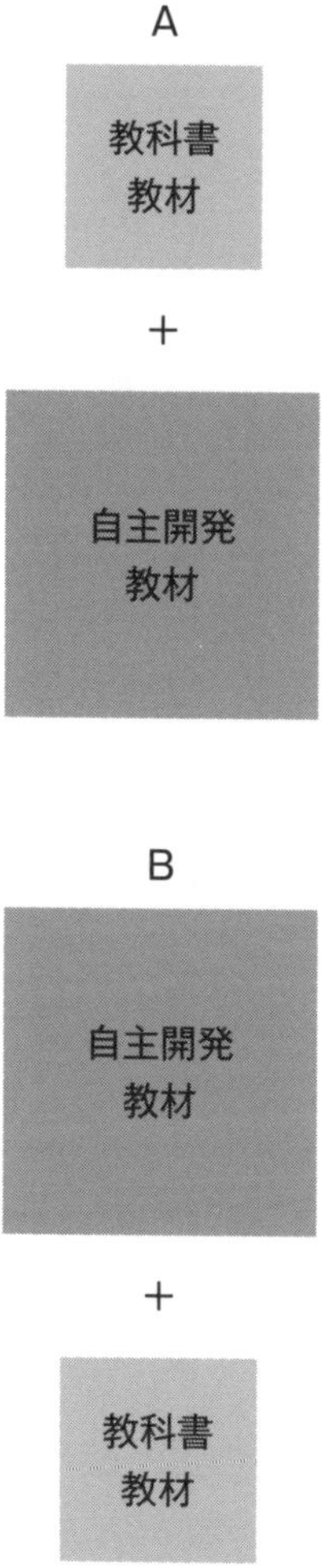

【図5】

5

「横コラボ道徳」で問題意識を生成する

「横のコラボ」とは、教科書教材ともう一つ自主開発教材を並列し、両者を比較・対比しながら進む授業形態のことです。

【図6】

教科書教材ともう一つの自主開発教材とを比較・対照することによって問いを生成し、その問いについて話し合うことによって、内容項目の価値に迫ろうとする授業と考えていただければ良いと思います。教科書教材と並べる自主教材は「対比的な教材」「類比的な教材」のどちらでも良いわけですが、教科書教材に比してあまりにも重厚、あまりにも軽薄といった教材はNGです。二つの教材はバランスを取る必要があります。

「横のコラボ」はアクティブ・ラーニング（以下「ＡＬ」）を想定した授業形態です。時代の趨勢に従って、二つの並列教材を比較・対照しながら問いを生成し、授業の後半の時間すべてを使ってその問いについて小集団で交流したり議論したりする、そうした授業を想定しています。

もちろん、「ソロ」や「縦のコラボ」でもＡＬを成立させることはできます。しかし、二つの教材が横並びになっていると、そこに明確な対立点や明確な類似点を見つけたり、或いは共通点・相違点の双方を探したりといった学習活動が成立しやすいのです。その意味で、「横のコラボ」は私の想定する教科書教材の道徳授業の最高峰であると言えます。

これもさまざまなところで述べていることの繰り返しになりますが、私はＡＬが成立する課題の条件を以下の四つと考えています。

【ＡＬ課題の四条件】
(1)答えのない課題であること
(2)複数で交流することにこそ価値をもつ課題であること
(3)子どもたちの将来に必要とされる課題であること
(4)一回性を実感させる課題であること

二つの教材を比較・対照することで、この四つの条件を満たした課題を成立させるには、二つの教材のバランスが取れていることに加えて、二つの教材が対比的なものであるにしても類比的なものであるにしても、「世界の本質に届く」ようなレベルの問題意識を生成

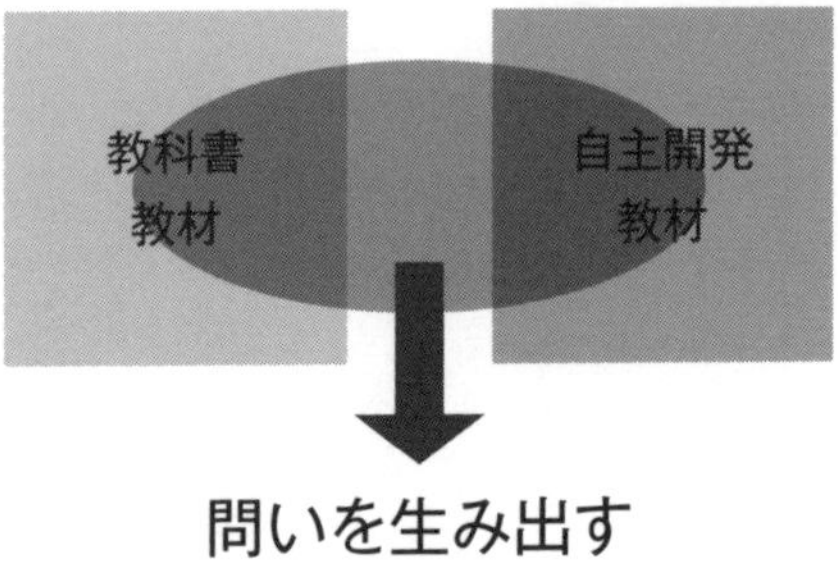

【図7】

させるような関係性をもつ必要があります。つまり、二つの教材を並列的に考え、見比べることによって物事の本質に気づき、一生涯にわたって追究しなくてはならないような大きな問題意識を抱く、そうした授業が想定されているということです。

大袈裟と思われるかもしれませんが、道徳の内容項目は、一生涯明確な解答を得ることなどなく、本質的には解決できないものが多いのです。例えば皆さんも、幾つになっても「誠実とは何か」「命を尊重するとはいかなることか」と考え続けているのではないでしょうか。人生とはそうしたものであり、道徳授業はそうした生涯の問題意識に寄与するのです。

詳細は拙著『個別最適な学びを実現する　AL授業10の原理・100の原則』（明治図書・二〇二三年）／『アクティブ・ラーニングの条件』（小学館・二〇一九年）を御参照いただけると幸いです。

6 「答えのない課題」は道徳のテーゼでもある

ＡＬ課題の第一の条件は「答えのない課題」であることです。

ＡＬには、経済界主導で、いわゆる「即戦力」の社会人を教育界が育てるべきだとの要請から発祥してきた経緯があります。また、教育行政には国際社会に通用する人材を育成するため、研究大学を指定し、ＡＬの導入によって創造性豊かなエリートを育てたいとの意図があるとも言われています。これらの導入の経緯から、ＡＬは中等高等教育のものであるとか、ＡＬは「エリート教育」に過ぎないので公立の小中学校には馴染まないとの議論もあるようです。

しかし、ＡＬはいわゆる「キーコンピテンシー」（資質・能力を総合的に高める）の教育であり、公立小中学校にいるたくさんの子どもたち、要するに言葉は悪いですが「非エリートの子どもたち」にも決して不要な教育思想ではありません。

目まぐるしく移り変わる社会を生き抜いていかなければならない子どもたちに対して、私たち教師が答えの定まった、知識中心の従来の教育観に止まっていたのでは、子どもたちの将来に「見えない壁」をつくってしまうことになりかねません。従来の教育観による教育は、数多の知識を与えるだけでなく、教師は意識せぬままに「どこかに最良の答えがあるはずだ」「最適解を見つけることが問題解決だ」という狭い世界観を形成してしまっています。

あなたの学校の職員室を見回してみましょう。あまり良い言い方ではありませんが、年配の教師ほど自分の価値観のみに縛られた狭い世界観で子どもたちを評価しているのではないでしょうか。そしてそれは、自分の世界観が最良であり最適であるとする、「知識中心」の学力観、教育観が形成してきたものなのです。だからこそ、年配教師ほど新しい教育改革に対応できない傾向をもつのです（もちろん、すべての年配教師がそうだというわけではなく、あくまでも「傾向」です）。

ＡＬは最適解を「見つける」教育から、自ら納得できる最適解を自分で「つくる」教育への転換と言えます。そのためには、どこかにある最適解を見つけるタイプの課題ではなく、答えのない課題、自ら最適解をつくるタイプの課題を、私たちが日常の授業に大胆に導入しなければならない、そういうことなのです。

しかも「答えのない課題」は道徳授業が必然的にもつテーゼでもあります。今後、道徳の授業に質を担保していこうと思えば、これからの道徳の授業づくりではこのテーゼをしっかりと意識する必要があるでしょう。「横のコラボ」ばかりでなく、「ソロ」でも「縦のコラボ」でも意識しなくてはならない視点です。

7 交流・議論は道徳でこそ最も生きる

第二の条件は「複数で交流することにこそ価値をもつ課題」であることです。

ＡＬは「自分一人で考えた見解よりも、複数で交流することによって高次の見解が得られた」という経験を積み重ねること、そのこと自体に意義があります。将来、他人の意見を謙虚に受け入れる姿勢、他人の力を借りて自らを高めていく姿勢、自分が困ったときに他人にヘルプを出せる姿勢といった、総じて「他者とつながる姿勢」を子どもたちが身につけるには、ＡＬ型授業の課題にはこうした視点が不可欠なのだ、ということです。

こうしたＡＬ課題の交流の意義を強調する視点に、道徳授業の理念と非常に高い親和性があることは言うを俟たないでしょう。

もちろん道徳授業において個別に深く考えることは必要です。しかし、それら個々の見解を披瀝し合い、より高次の見解へと高めようとする体験を積み重ねること、他人との交流を通ってなお、どうしても納得できないという「自分の譲れない一線」に気づくこと、或いは逆に、ともに交流した級友にどうしても納得できないとする「譲れない一線」があり得るのだと知ることは、子どもたち個々の見解を更に深めることにつながるはずです。道徳授業では、むしろこうした場が生まれることこそが相応しいのです。

8 生涯にわたって必要な思考体験を重ねる

第三の条件は「子どもの将来に必要とされる課題」であることです。

例えば、子どもたちが原発問題について考えることなく、将来を生きていくことは可能でしょうか。例えば、子どもたちが我が国の安全保障問題について考えることなく生きることが可能でしょうか。いいえ、こうした社会問題だけではありません。恋愛や結婚について、老人介護について、仕事のやり甲斐について、出世競争について、他人の人生にどこまで介入して良いのかについて……これらを考えることなく生きていくことが可能でしょうか。これらはエリート・非エリートに関係なく、だれもが一度は真剣に悩み、その後、意識するしないはあるにしても人生を賭けて追究していくことになる課題なのではないでしょうか。

どれもこれも自分の外に最適解などなく、結局は自分で自分なりの最適解をつくるしかない、自分自身で納得できる判断をするしかない課題として人生に立ち現れてくる、そうした課題です。そして大切なのは、こうした人生必須の課題とでも言うべきものが、実は学校教育でほとんど扱われていないということなのだと私は考えています。私たち教師がこうした人生の課題とでも言うべきものに対して、子どもたちに「構え」をつくっておく、そうした責任を負っているのだとも考えています。

　こうした課題に触れさせる、それもこれは人生を通して囚われ続ける答えのない課題であり、最適解は他人の意見を参考にしながら自分でつくるしかない課題なのだということを「構え」として形成していく、道徳授業はこうした特性をもつと私は考えています。

　とすれば、道徳の授業では、教科書教材に登場する人物の葛藤が、将来、どのような場面で、どのような構図として立ち現れるのか、立ち現れ得るのかということが扱われる必要が出てきます。

　その際、「ソロ道徳」でこうした葛藤がどのような多面的・多角的視座で検討され得る可能性があるのかを学んだり、「縦コラボ道徳」で別のエピソードにも同じ構図があることを学んだり、或いは別のエピソードには正反対の構図があることを学んだりすることが必要なのです。また、「横コラボ道徳」によって、教科書教材に描かれる葛藤と別のエピソードの葛藤との共通性や異質性を級友とともに検討してみることによって、実は「葛藤」にはその葛藤で取り上げられる対立現象のレベルでは解決できない、高次の対立があるのではないか、それが本質なのではないかといった思考体験が必要なのです。現在の教科道徳で行われている、教科書教材に描かれるエピソードに描かれる現象を、その現象の範囲内で表層的に捉え判断する授業からはこうした思考体験は生まれません。

9 同じようなテーマで繰り返し議論することに意味がある

第四の条件は「一回性を実感させる課題」であることです。

多くのＡＬ型活動形態は四人を基本単位としています。また、成熟した活動形態、完成した活動形態ほどメンバーを頻繁に入れ替えることで知られています。これらはある小集団が他ならぬそのメンバーだからこその一回性の議論であることをよく踏まえた活動形態であるということが言えます。もし一人でもメンバーが入れ替わればまったく異なった議論になりますし、仮に同じメンバーだったとしても一ヶ月後に交流すればまったく違う議論が展開されることになります。

すべての交流、すべての議論は大袈裟に言えば歴史性を帯びており、必ず一回性の機能をもっています。だからこそ、同じ課題で交流・議論するにしても、メンバーを入れ替えて複数回交流・議論することが奨励されるのであり、同じメンバーの議論でも時間を隔てて複数回行うことが奨励されるのです。このことを教師が深く認識する必要があります。そしてこうした授業を具現化していく最も大きな可能性がいま、道徳科の授業にあるのだと私は考えています。同じようなエピソード、同じような葛藤について、何度も何度も議論・交流することにこそ実は意味があるのです。

10 子どもだけでなく教師の中でも〈シンクロ〉する

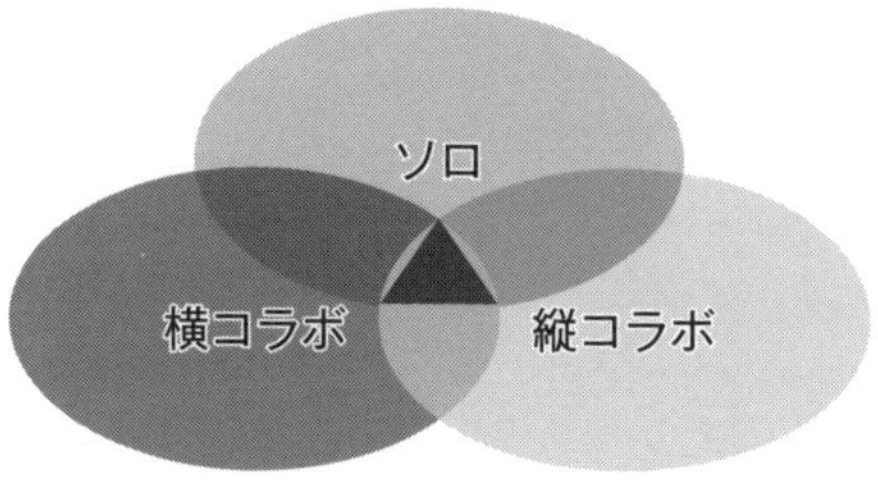

【図8】

「ソロ」「縦のコラボ」「横のコラボ」の三つの授業づくりをしようと提案する〈シンクロ道徳〉は、①教科書教材の不備不足を補うとともに、②教科書教材をより活かすための授業の工夫、更には③教材研究の観点を広げることを目的に開発された授業形態です。つまり、私は一つの教材について一つの授業構成を計画して事足れりとするのではなく、究極的には、一つの教材について「ソロ」「縦コラボ」「横コラボ」の三種類の授業計画すべてを立案してみるべきだと考えています。

それぞれの教材について、「ソロ」「縦コラボ」「横コラボ」の三種類の授業を構想してみることは、図の三つが重なった▲の箇所にさまざまなものを生み出してくれます。

まず、第一の効果は、「縦コラボ」教材、「横コラボ」教材にはどのような教材が対置されるべきかという思考が働くことにより、教科書教材の本質を見極めようとの意識が働くことにあります。道徳授業はともすると、副読本時代の悪弊がもととなり、指導書や付属のワークシート、中学校では道徳係から出た指導案でお茶をにごした授業になりがちです。忙しい毎日のなか、それほどの教材研究もしないままに授業に臨む。それは乾いた授業になり、子どもたちに機能しないばかりでなく、それが続くことで子どもたちへの悪影響も見られるようになっていきます。私にはなんとしてもそれを避けたいとの強い思いがあります。

第二に、三つの授業案をつくることによって、実際に子どもたちにかける授業の精度が劇的に高まることです。三つの授業を構想したとしてもその年に実際に授業にかけるのはあくまで一つだけです。しかし、その選択された一つの授業の精度も劇的に変容するはずなのです。授業というものはその授業で扱う要素以外の要素、できれば扱う要素よりも広く深い要素を、教師がどれだけもっているかによってその機能度が劇的に高まるものであると言えます。〈シンクロ道徳〉の構想はそれを実現します。

第三に、子どもたちの実態に合わせたカリキュラム開発が可能となることです。〈シンクロ道徳〉は「ソロ」よりも「縦のコラボ」、「縦のコラボ」よりも「横のコラボ」の方が授業の次元が高くなるという特徴をもっています。「縦のコラボ」は「ソロ」よりも深い観点で教材を読み込むことを促し、「横のコラボ」は必然的にＡＬを起動させ、子どもたちの生活実感やものの見方・考え方を引き出す効果を生みます。

仮に一学期から道徳授業によって子どもたちが順調に力をつけ、広く深い思考ができるようになっていくとしたら、一学期は「ソロ」中心で行っていた授業が二学期には「縦のコラボ」中心の授業に転換していく。二学期後半からは「横のコラボ」を中心にダイナミックな授業展開が構想される。こんなふうに弾力性のあるカリキュラムをつくることができるかもしれません。しかも、もしも予定されていた学習活動を行うまでに子どもたちが育っていないと判断されたならば、即座に「ソロ」に戻したり「縦のコラボ」に戻したりという柔軟性をもつことが可能となるのです。

「ソロ」「縦のコラボ」「横のコラボ」という三つの道徳授業を構想する。その効果は、子どもたちに複数の教材から捉えた広く深い視点をシンクロさせ、教師には教材研究のさまざまな観点をシンクロさせる。私がこれに〈シンクロ道徳〉、つまり「同期する道徳」と名付けた所以でもあります。

もちろん、自分一人の力ですべての教材について三つの授業を構想するというのには無理があります。できれば研究仲間を集めて取り組むことが理想です。また、一人でやるにしても年に幾つかの教材については「ソロ」「縦のコラボ」「横のコラボ」の三つの授業を構想してみるとか、学期に一本は取り組んでみるとかが現実的だと考えています。

〈ソロ道徳〉の構造

教科書教材のみで展開する道徳授業。私はそれを「ソロ」と呼んでいます。言わば全国津々浦々で、日常的に行われている授業が〈ソロ道徳〉の授業です。

しかし、第一節でも述べましたが、多くの〈ソロ〉の道徳授業は、さまざまな理由で機能していません。多くの教室で、授業としては最も機能していないのが道徳ではないかとさえ思います。少なくとも中学校では間違いなくそうです。

理由はさまざまにありますが、一つだけ最も大きな理由を言えば、それは道徳授業が未成熟だからです。まだまだ歴史が浅く、多くの人の

目、多くの人の手で質の担保への検討がなされていないのです。そのため、全国の教師みんながパターン化された授業構成で、「こんなもんだろ」という程度の授業づくりをしているのが現状だと私は感じています。

ここでは、小学校高学年の定番教材である「手品師」「ブランコ乗りとピエロ」を用いて、〈ソロ〉授業の在り方を提案します。パターンに沿った授業ばかりでなく、こんな工夫をしてみてはどうでしょうかという、私なりの提案です。ただし、私は中学校の国語教師ですから、どうしても国語色の強い提案になっていることだけはあらかじめ御了承いただければと思います。

〈ソロ道徳〉の構造

1 通読は「読み聞かせ」を基本とする
2 内容項目の系統性を意識する
3 主題を〈視覚化〉してみる
4 〈外挿条件〉で思考を活性化する
5 〈外挿条件〉を発展させる
6 教材を読む原動力をつくる
7 教材加工で意欲を喚起する
8 〈外挿教材〉で思考を広げ深める
9 教材の「キズ」を扱う
10 活動の細分化が時間配分を決める

1 通読は「読み聞かせ」を基本とする

道徳の授業において教材文を通読させる場合、読者諸氏はどのような手立てを採っているでしょうか。範読（教師が読む）という方もいらっしゃるでしょうし、朗読音源（CDや音読ファイルなど）を用いるという方もいらっしゃるでしょう。子どもたちに一文ずつ順番に読ませたり黙読させるという方もいらっしゃるかもしれません。さすがに国語とは違いますので、斉読（全員で声を揃えて一斉に読む）させたり隣同士で一文交互読み（小学校では俗に「マル読み」と呼ばれる）させたりという方は少ないかもしれません。

道徳は単発一時間授業が原則ですので、どうしても時間との勝負になります。子どもたちに読ませたいのが本音ですが、子どもたちに読ませるとどうしても時間がかかります。読みに詰まる子がいると、指導場面も増えてしまいます。範読か朗読音源か黙読かというのが現実的でしょう。

黙読はともかくとして、私は音声化するのであれば、付属の朗読音源よりも範読、つまり教師による音読が良いと考えています。教師が自らの音読力を駆使して読み聞かせるという行為には、教師が思う以上の教育効果があるものです。それほど上手い音読でなくて構いません。読み聞かせることを基本とした道徳教室にしたいものです。

2 内容項目の系統性を意識する

まずは、私の立案した「手品師」の授業を紹介します。

(1)教材「手品師」を音読する。
(2)この物語を教科書に載せた人は、この物語を通して皆さんに何を感じ、どう考えて欲しいのでしょうか。
(3)交流してみましょう。

「手品師」は多くの教科書がA－(2)「正直、誠実」の教材として採択しています。その内容項目は「誠実に、明るい心で生活すること」です。つまり、「手品師」は「誠実さ」を描いているのであり、その結果として「明るい心」で生活することができるだろうという世界観を描いていることになります。

実はこの内容項目の系統を小学校の低・中・高・中と並べると次のようになります。

【低学年】うそをついたりごまかしをしたりしないで、素直に伸び伸びと生活すること。

【中学年】過ちは素直に改め、正直に明るい心で生活すること。
【高学年】誠実に、明るい心で生活すること。
【中学校】自律の精神を重んじ、自主的に考え、判断し、誠実に実行してその結果に責任をもつこと。

確かに『手品師』の物語は、「うそをついたりごまかしをしたりしない」（低学年）という要素がありますし、「正直」さ（中学年）を奨励する要素もあります。更には「自主的に考え、判断し、誠実に実行する」（中学校）という要素もあります。そして何より、大劇場には二度と立てないかもしれないという「その結果に責任をもつこと」（中学校）まで描かれています。この内容項目Ａ－(2)の教材としては、よくできた物語であるのかもしれません。このように、事前に内容項目の系統を確かめ、その教材が他の発達段階の要素とどのような関連性をもっているかを確かめると授業の見通しを立てやすくなります。

また、私は授業の冒頭に(2)のような発問を多用します。教科書の意図を考えてみることで、子どもたちがその授業を、いまこの授業を受けようとしている自分たちを、〈メタ認知〉することにつながるからです。子どもたちは一度通読しただけの段階で、かなりの確率で教科書の意図を見抜いているものです。

3 主題を〈視覚化〉してみる

(4)「誠実度」という評価があるとします。10点満点です。
(5)この「誠実度」で登場人物である手品師を評価するとしたら、その誠実度は何点だと思いますか。ズバリ数字で○点と書きましょう。
(6)理由を箇条書きしてみましょう。メモ程度で構いません。
(7)交流してみましょう（交流は四人を基本単位とする）。

この物語のテーマが「誠実」であるならば、「誠実度」という評価法を仮定して評価してみようという活動です。

もちろん子どもたちはさまざまな理由でさまざまな数値を答えます。それを四人単位の〈ラウンド・ロビン〉で話し合います。〈ラウンド・ロビン〉とは、発問に対する自分の考えを四人が順番に述べていき、全員の意見が出揃ったところでフリートーキングに入るという協同学習システムです。合意形成を図ることを目的とする場合と、交流だけを目的とし、各々の思考が深まれば良いとする場合とがありますが、ここでは後者で良いでしょう。

この場合は数値が最高でも10なので、合意形成を図れと指示しながら、教師の意図としては各々の思考が深まれば良しと構えるというのもあり得ます。

評価尺度を設定し、それを理由とともに交流するという仕方は、道徳の授業ではかなり有効です。それは数字が幾つになるかという議論をしながらも、実は深く交流しているのはその理由の部分であるからです。これが「手品師は誠実ですか？」と問うたのでは、誠実・非誠実の二派討論になってしまい、議論しにくい展開になりがちです。小集団交流ならメンバー全員が一方の意見に固まってしまうということも起こり得ます。10点満点の数値なら意見は分かれ、子どもたちの意識も必然的に理由に向かいます。

もちろん、〈視覚化〉が行われれば良いのであって、数直線にするとかマトリクスにするといった方法もあり得ます。

4 〈外挿条件〉で思考を活性化する

(8)では、これから「IF」(=もしも)を想定して考えてみます。
(9)もしも男の子の母親が父親が死んだ後に愛人をつくり、そこに入り浸っているのだとしたら……。「手品師」という物語の印象はずいぶんと変わるはずです。この場合、手品師の誠実度は変わりますか、変わりませんか。これもズバリ数字で○点と書いてください。
(10)もしもこの男の子が、父親が死んで以来、母親に家庭内暴力を振るっていて、母親を苦しめ続けているとしたら……。誠実度は変わりますか。
(11)男の子が手品師と会ったのは真っ昼間。そもそもどうしてこの子は友達と遊ばないのでしょう。もしも男の子はいじめっ子でみんなに嫌われていて、友達がいないのだとしたら……。手品師の誠実度は変わりますか。
(12)交流しましょう。

こうした仮定の条件を提示する仕方は、教育心理学で「外挿」と呼ばれる、テキスト外情報を挿入して思考する学習活動です。国語教育ではよく使われる手法です。「外挿」はテキスト外情報を仮定し、その新情報をテキスト内情報と関連付けることによって、これまで考えなかった広い世界観を想像しようとする思考方法です。「手品師」は、主人公「手品師」の誠実さを強調するために、手品師・子ども双方の具体性を捨象しているところにその特徴があります。こうした条件で「手品師」の行動の意味を多様に考えることで、通読段階では気づかなかった、さまざまな要素に気づくことができます。

しかも、子どもたちは一度、通読段階で主人公「手品師」の誠実度を評価しています。しかもそれを四人で議論してもいます。10点満点の数字以上にその理由と評価の妥当性との関連で考えています。これらの外挿された新たな条件は少々突飛だと思われる読者もおられるかと思いますが、これらの条件が多少突飛だったとしても、子どもたちはあくまで、「手品師」というテキストそのものとの比較で考えます。事前にある程度の時間をかけて前の議論をしているからこそ、このような突飛な条件をも受け入れられるのです。

「手品師」の授業は、一般的に、主人公「手品師」が取り得る「他の手立て」に話が及びがちです。しかし、それでは「大劇場を捨ててまで子どもとの約束を守った手品師の誠実性」からは離れてしまいます。しかし、これらの条件提示は、あくまで「誠実とは何か」を考えさせることに焦点化しています。

5 〈外挿条件〉を発展させる

⑼〜⑾の問いは、登場人物の少年についてでしたが、次は大劇場の話をもってきてくれた「友人」に関する「IF」を連続して展開していきます。

⒀もしもこの友人とは幼なじみで、子どもの頃からもう三十年以上の付き合いだとしたら……。手品師の誠実度は変わりますか。
⒁もしもこの友人とは本当に長い付き合いで、これまでにも何度も気にかけてもらい、助けてもらっていたとしたら……。手品師の誠実度は変わりますか。
⒂もしもこの友人が、ほんとうは他の候補もいたのに大劇場に頼み込んでやっと友人を出演させられるように段取りを組んでいたのだとしたら……。手品師の誠実度は変わりますか。

更には「手品師」本人の「IF」です。

⒃もしも手品師に妻がいて、「この人には夢があるから」と貧しさに耐えながら手品師

を支えていたとしたら……。手品師の誠実度は変わりますか。
⒄もしも手品師に母がいて、幼い頃から苦労ばかりさせてきて、手品師の成功を祈り続ける毎日を送っているとしたら……。手品師の誠実度は変わりますか。
⒅もしもその母が病に伏していて、貧しくて満足な治療も受けさせてあげられていないとしたら……。手品師の誠実度は変わりますか。

こうした「IF」を与える度に、子どもたちによる「手品師」の誠実度が次々と変化していきます。それは取りも直さず、子どもたちが無意識的に「誠実の条件」について吟味することを意味しているのです。

⒆「誠実」とはいったい、どういうことを言うのでしょうか。

最後の発問に子どもたちは、印象に残った自らの思考を振り返りながら記述することになります。交流においても、それぞれの見解が異なることに驚きながらも、「誠実」の捉え方が多様であることだけは共通して学ぶことになったはずです。

6 教材を読む原動力をつくる

次に「ブランコ乗りとピエロ」（永井裕）の授業を紹介しましょう。

(1)ある日、質問サイトにこんな二つの相談が寄せられました。
※二つの相談を提示する。
(2)あなたなら二つの相談になんと答えますか。
(3)交流しましょう。
(4)「ブランコ乗りとピエロ」を読みましょう。

私が以下のような二つの相談を提示しました。

【相談1】
半年ほど前に転職しました。業界は同じでヘッドハンティングです。自分の実力が認められたのだと嬉しく思い転職しましたが、新しい職場の人たちの嫉妬がすごいのです。特に職場をとりまとめる上司の嫉妬が我慢できません。

職種はサービス業なのですが、私は間違いなく職場で一番お客様を喜ばすことができます。上司は私が来るまではお客様受けが一番だったようなのですが、正直、その実力は私にはとうてい及びません。私は純粋にお客様に楽しんでいただこうと頑張っているのですが、上司はやれ協力だの、やれチームワークだのと私が中心になるのを邪魔しようとします。

もう一度転職すべきでしょうか。私の実力をちゃんと認めてくれる職場を探すべきなのでしょうか。

【相談2】

私はあるエンタメ系の職場のとりまとめをしています。最近、部下のわがままに悩んでいるのでご相談です。部下は確かに実力はあるのですが、あまりにもスター気取りが過ぎ、自分はスターだから特別なのだという態度をとったり、平気で他人の持ち時間を奪ったりします。この間などは大切なお客様をお招きした公演で私の持ち時間まで演技し続け、私はそのお客様の前で演技することができませんでした。私もその大切な大切なお客様の前で力いっぱいの演技をお見せしたかったのですが、それがかないませんでした。

　私はこの職場のとりまとめを任されている以上、この部下をまきこんで公演を盛り上げたいと思うのですが、彼のわがままは尋常でなく、もう無理だな、辞めてもらうしかないな、と思い始めています。


　この二つの相談に対する答えを考えてから「ブランコ乗りとピエロ」を読むと、子どもたちから笑いが起こります。「なるほど、そういうことか」と納得するのです。

　ちなみに⑶の交流は、〈ペア・トーク〉でも構いませんし、四人グループによる〈ラウンド・ロビン〉でも構いません。こうした場合、ちゃんと「二つの相談に対する答え」をつくらせようと思うなら〈ラウンド・ロビン〉を用いることになります。また、「ちょっと場を温めたい」という程度ならば〈ペア・トーク〉ということになります。前者ならばこの段階を本格的な活動と捉えることになりますし、後者なら導入の通過点（ちなみに私は「場を耕す」という言い方をします）ということになります。

　また、先に教材を通読するときに「読み聞かせ」をすべきだと述べましたが、この場合は黙読でも大丈夫です。子どもたちは二つの相談を既に読んでおり、読みの原動力がありますす。黙読はこのように読みの原動力が既に存在する場合の手法なのです。

7 教材加工で意欲を喚起する

⑸先生が物語に沿って、それぞれの「ベストアンサー」を考えてみました。

【相談1】の「ベストアンサーに選ばれた回答」として提示したのは以下です。

あなたにほんとうに実力があるのなら、これまでの在り方を貫くのが一番良いのではないでしょうか。あなたが一生懸命に取り組んでいれば、周りの人たちはもちろん、あなたにつらく当たる上司の人もわかってくれる日が必ず来ると思います。そういうものだと思います。

また、これに対する「質問した人からのコメント」もつくりました。

回答ありがとうございました。もう少しこのまま頑張ってみようと思えました。

職場の上司の嫉妬が…

シェア　ツイート　はてブ

さん

2019/02/02 11:19:03

半年ほど前に転職しました。業界は同じでヘッドハンティングです。自分の実力が認められたのだと嬉しく思い転職しましたが、新しい職場の人たちの嫉妬がすごいのです。特に職場をとりまとめる上司の嫉妬が我慢できません。
職種はサービス業なのですが、私は間違いなく職場で一番お客様を喜ばすことができます。上司は私が来るまではお客様受けが一番だったようなのですが、正直、その実力は私にはとうてい及びません。私は純粋にお客様に楽しんでいただこうと頑張っているのですが、上司はやれ協力だの、やれチームワークだのと私が中心になるのを邪魔しようとします。
もう一度転職すべきでしょうか。私の実力をちゃんと認めてくれる職場を探すべきなのでしょうか。

ベストアンサーに選ばれた回答

さん

あなたにほんとうに実力があるのなら、これまでの在り方を貫くのが一番良いのではないでしょうか。あなたが一生懸命に取り組んでいれば、周りの人たちはもちろん、あなたにつらく当たる上司の人もわかってくれる日が必ず来ると思います。そういうものだと思います。

質問した人からのコメント

回答ありがとうございました。もう少しこのまま頑張ってみようと思えました。

部下の自己チューが我慢なりません

シェア　ツイート　はてブ

さん

2019/02/02 11:21:46

私はあるエンタメ系の職場のとりまとめをしています。最近、部下のわがままに悩んでいるのでご相談です。部下は確かに実力はあるのですが、あまりにもスター気取りが過ぎ、自分はスターだから特別なのだという態度をとったり、平気で他人の持ち時間を奪ったりします。この間などは大切なお客様をお招きした公演で私の持ち時間まで演技し続け、私はそのお客様の前で演技することができませんでした。私もその大切な大切なお客様の前で力いっぱいの演技をお見せしたかったのですが、それがかないませんでした。
私はこの職場のとりまとめを任されている以上、この部下をまきこんで公演を盛り上げたいと思うのですが、彼のわがままは尋常でなく、もう無理だな、辞めてもらうしかないな、と思い始めています。

ベストアンサーに選ばれた回答

さん

あなたは職場のとりまとめを担っています。部下がわがままな態度を示すのも、すべてとは言いませんが、あなたの責任でもあるのではないでしょうか。その部下の方がなぜそういう態度を取るのか、あなたはよく観察してみましたか？その方をよく理解すれば状況は打開できるものです。そしてそれが上司の役割、リーダーの役割なのではないでしょうか。

質問した人からのコメント

ありがとうございます！彼を理解しようと努めたらすべてが好転しました。ほんとうにありがとうございます！

また、【相談2】については、次のように提示しました。

【ベストアンサーに選ばれた回答】
あなたは職場のとりまとめを担っています。部下がわがままな態度を示すのも、すべてとは言いませんが、あなたの責任でもあるのではないでしょうか。その部下の方がなぜそういう態度を取るのか、あなたはよく観察してみましたか？　その方をよく理解すれば状況は打開できるものです。そしてそれが上司の役割、リーダーの役割なのではないでしょうか。

【質問した人からのコメント】
ありがとうございます！　彼を理解しようと努めたらすべてが好転しました。ほんとうにありがとうございます！

これも〈外挿〉の応用です。「ブランコ乗りとピエロ」の内容に「Yahoo! 知恵袋」等の質問サイトのようなネット上によくある形態の加工を施すだけで、ずいぶんとこの話が身近に感じられるようになります。また、「ベストアンサーに選ばれた回答」によって、登場人物であるブランコ乗り・ピエロ双方の問題点を自然な形で指摘することになっています。

8 〈外挿教材〉で思考を広げ深める

(6)ところが、数日後のことです。質問サイトにこんな新たな相談が寄せられたのです。「ベストアンサーに選ばれた回答」や「ベストアンサー以外の回答」もかなり過激です。

新たな相談の内容は以下です。

【相談3】やってらんないよな!
職場に自己チューの上司がいます。口では協力と言いながら、自分だけが目立とうとします。半年ほど前、その上司以上に目立とうとする新入りが入ってきて、大きなトラブルがありました。上司もずいぶんと手を焼いたようですが、結局、上司は新入りのわがままを理解して二人は仲直りをしました。それで二人は「コラボだ!」とか言って、二人だけで目立つようになりました。私らはなんにも変わっていません。蚊帳の外です。結局、上司と新入りは似たもの同士だからけんかしてたんです。私ら弱いものなんて眼中になく、結局二人だけでコラボ。

まあ、新入りは若いから仕方ないとして、責任ある立場の上司がこんなんじゃ私らの意欲も削がれます。なんとかならんのでしょうか、あの上司……。


「ベストアンサーに選ばれた回答」「ベストアンサー以外の回答」として、以下の二つも提示しました。


【ベストアンサーに選ばれた回答】

あるある。いるよね。そういう上司。自己チューのくせに自己チューだとわかってないエゴイスト。リーダーの資質ゼロ。結局、そのトラブルにしか目が向かない。しかも自分に関係あることだけしか見えてないから、そのトラブルだけに集中しちゃう。ストライキでも起こしたら?

【ベストアンサー以外の回答】

きっとその上司は広い心でその新入りを受け止めて、大きな対立を自分が謙虚になることで解決できたとかって自己満足してんのよね。職場は上司と新入りの二人だけじゃ

やってらんないよな！

シェア　ツイート　はてブ

さん

2019/02/02 11:25:22

職場に自己チューの上司がいます。口では協力と言いながら、自分だけが目立とうとします。半年ほど前、その上司以上に目立とうとする新入りが入ってきて、大きなトラブルがありました。上司もずいぶんと手を焼いたようですが、結局、上司は新入りのわがままを理解して二人は仲直りをしました。それで二人は「コラボだ！」とか言って、二人だけで目立つようになりました。私らはなんにも変わっていません。蚊帳の外です。
結局、上司と新入りは似たもの同士だからけんかしてたんです。私ら弱いものなんて眼中になく、結局二人だけでコラボ。
まあ、新入りは若いから仕方ないとして、責任ある立場の上司がこんなんじゃ私らの意欲も削がれます。なんとかならんのでしょうか、あの上司……。

ベストアンサーに選ばれた回答

さん

あるある。いるよね。そういう上司。自己チューのくせに自己チューだとわかってないエゴイスト。リーダーの資質ゼロ。結局、そのトラブルにしか目が向かない。しかも自分に関係あることだけしか見えてないから、そのトラブルだけに集中しちゃう。ストライキでも起こしたら？

ベストアンサー以外の回答

きっとその上司は広い心でその新入りを受け止めて、大きな対立を自分が謙虚になることで解決できたとかって自己満足してんのよね。職場は上司と新入りの二人だけじゃないのに。それにしてもその二人だけのコラボはひどいわあ。いくらでも手立てはあるでしょうに。

ないのに。それにしてもその二人だけのコラボはひどいわあ。いくらでも手立てはあるでしょうに。

子どもたちは予想外の展開に驚きを隠せません。しかししばらく経つと、考えてみるとあり得ることだと感じ始めます。

さて、これも〈外挿〉であることがおわかりになるかと思います。物語内にブランコ乗り・ピエロの二人の登場人物以外の人物描写はありません。内容項目Bの「相互理解・寛容」の教材として開発されているため、その他の団員がすべて「エキストラ」扱いされているためです。しかし、それでは内容項目Cと対立してしまいます。そこでこの〈外挿教材〉が開発されたわけです。

9 教材の「キズ」を扱う

「ブランコ乗りとピエロ」は次のように終わります。

そう言うと、ピエロはサムに手を差し出した。サムはゆっくりその手を取り、二人は固くあくしゅをかわした。
その夜のひかえ室には、サムとピエロの声がいつまでも聞こえていた。

都でのサーカスも、最終日をむかえた。
ブランコ乗りが空中をまう。その中に加わったピエロが、こっけいなしぐさをして、わざと落下する。そのピエロをブランコに乗ったサムがすくい上げ、二人でかれいにわざを決める。観客から大きな笑いとはくしゅ。サーカスは大成功で幕を閉じた。すべてを終えたひかえ室は、団員たちの明るい笑い声に包まれていた。

物語は「すべてを終えたひかえ室は、団員たちの明るい笑い声に包まれていた。」と結ばれます。一応、すべての団員がこの最終日の成功を喜んだことが示唆されています。しかし、ブランコ乗りにピエロが「寛容」を示したその日、控室に聞こえていたのは、あくまで「サムとピエロの声」だけなのです。とすると、この結びは安易ではないのか。
実は「ブランコ乗りとピエロ」には、冒頭にピエロのこんな台詞があります。

「サム、こんなところにいたのか。早くみんなといっしょに準備をしろ。サーカスでは、みんなの協力がたいせつなんだ。アレキス様のサーカス見物は、毎年一時間と決まっている。そのたいせつな一時間の中で、今年、出番をもらえたのは、馬の曲芸と空中ブランコ、そして、この私の三つだけなのだ。だから、いつものように一人で目立って、いい気になって、時間を延ばすんじゃないぞ。」

アレキス王がサーカス見物に来る日、ブランコ乗りとピエロ以外に出番をもらっている馬の曲芸師がいるはずなのです。つまり、冒頭で三者のスターが紹介されているというのに、この物語の結びはサムとピエロの二人にしか焦点化されていないのです。こうした矛盾は文学の世界なら、作品の「キズ」とされ、批評の対象となります。私にとって道徳教材は、このような「キズ」に気付くことで、授業で扱う箇所が決まります。

10 活動の細分化が時間配分を決める

(7)さて、ピエロはどうすれば良かったのでしょうか。アイディアを考えてみましょう。
(8)交流しましょう。

私の授業構想としては、この最後の交流が授業のメインとなります。この交流には、〈ラウンド・ロビン〉を使うのが一般的です。もちろん、一斉授業で進めることは可能ですが、最後に全体の場で意見を求めるにしても、その前に小集団交流を経た方が良いでしょう。小集団で一度は全員が発言することができますし、グループでまとまった意見を全体で表出させれば、全体には質の高い意見が出てくることになるからです。

〈ラウンド・ロビン〉は次のように展開します。

①問いに対して、各自、誰とも相談せず、こうすれば良かったという見解を理由とともにワークシートに書く。
②四人グループになり、順にアイディアとその理由を述べていく。

③全員が意見を表出した次点でフリートーキングに入る。
④それぞれのメリット・デメリットを検討し、合意形成を図ることで、グループで意見を一つにまとめる。
⑤必要があれば、全体で発表する。

〈ラウンド・ロビン〉は必ず、最初に全員が自分の見解を表出することから始めます。決していきなりフリートークに入ってはいけません。〈ラウンド・ロビン〉に限りませんが、話し合いというものは必ず最初に構成メンバーの考えていることをすべて〈リストアップ〉しなくてはなりません。人は自分を表出してこそ責任感が生まれます。自分はこの話し合いに参加しているのだという「当事者意識」が生まれるのです。

全員が自分の意見を表出するということを怠ると、どうしても声の大きい者、発言に勢いのある者に流されていきます。ふだんからおとなしめの子や自分の意見に自信のない子は傍観者になりがちです。私の経験から言って、この交流活動には各自の意見表出に三〜四分、その後の合意形成に四〜五分、計八分程度の時間がかかります。教師にこのような時間意識があってこそ、導入・展開・終末のそれぞれの時間配分も決まってくるのです。

〈縦コラボ道徳〉の構造

　ここでは〈ソロ道徳〉に続いて、〈縦のコラボ道徳〉の授業を、やはり「手品師」と「ブランコ乗りとピエロ」を用いて紹介します。国語教育的な発想で提案されているのも〈ソロ〉と同様です。

　私は〈縦のコラボ〉の授業が、最も現場の道徳授業の質を担保していくのではないかと感じています。〈横のコラボ〉は完全なＡＬ授業を想定しているため、その授業づくりもかなり高度です。だれにでも簡単に取り組めるというものではありません。しかし、〈縦のコラボ〉は違います。もちろんＡＬ型授業で進めることは可能ですが、基本的には一斉授業が想定されて

います。その意味で、自主開発教材が挿入されているだけで、授業形態としては現在行われている道徳授業と質的にあまり変わらないのです。どうかあまり難しく考えることなく、普通の授業として触れていただければと考えています。

実は私の教室での道徳授業も、その八割が〈縦コラボ〉の授業です。前半の自主開発教材でその内容項目について考える観点を与え、その観点で本教材を読む、そうした授業展開です。私にとってはもはやそれが道徳授業のスタンダードになっていますが、はてさて皆さんは〈縦コラボ道徳〉にどのような印象をもたれるでしょうか。

〈縦コラボ道徳〉の構造

1　登場人物と親和性のある身近な人物を取り上げる
2　登場人物とは異なる姿勢を取り上げる
3　登場人物が選ばなかった道の姿を想定する
4　登場人物との共通点・相違点を分析する
5　共通点・相違点を観点に内容項目を取り上げる
6　登場人物と正反対の人物を取り上げる
7　映像視聴が無理な場合は教師の語りで代替する
8　情報提示の意図を短い言葉でまとめる
9　二つの教材を対比する
10　教育活動は少しずつ高度にしていく

1

登場人物と親和性のある身近な人物を取り上げる

ここでも、まずは「手品師」です。

PPTのスライドでM-1グランプリの優勝者の写真を次々に見せます。優勝が決まった瞬間の表情です。こうした写真はネット上にたくさんあるので探す手間はほとんどいりません。

スライドに「芸人」の文字が浮かび上がります。そして、次のような文言がゆっくりとフロートインしてきます。

【芸人】芸を磨くことを何より優先し、多くの観客を喜ばせるため、売れるため、成功するために邁進する。

主人公の「手品師」はエンターテインメント界の職業です。子どもたちに身近で、しかも有名な者とそうでない者との落差が大きく意識されているのは、現在、「漫才師」でしょう。そこで比較の対象として漫才師を取り上げることにしました。

2 登場人物とは異なる姿勢を取り上げる

二〇一八年の勝者は霜降り明星でした。いまや押しも押されもせぬ、若手芸人の筆頭を走っています。しかし、勝者の裏には必ず敗れた者たちがいて、それぞれの想いを抱いています。二〇一八年末に放送された「M-1グランプリ～アナザーストーリー」（テレビ朝日／二〇一八年一二月二七日放送）では、「ジャルジャル」「和牛」「かまいたち」の三組が敗者の中心的なコンビとして描かれていました。どのコンビも事前には優勝候補と目されていたからです。

ジャルジャルは二〇一七年大会まで決勝進出の常連でしたが、なかなか決勝で上位に進出できませんでした。それはいつも審査員である中川家・礼二の採点が厳しかったからです。礼二は他のコンビに高得点をつけた場合でもいつもジャルジャルに対しては80点台。コント出身のジャルジャルの漫才が、漫才全体としての大きな展開をもたず、ディテールの小さな笑いの積み重ねのみでネタが構成されていることに、礼二は自らの漫才観との齟齬を抱いていたのです。番組ではその漫才観と齟齬を来す自覚のあるジャルジャルが、長年、時に涙するほどに悩みながらも自分たちの漫才の在り方を変えることなく突き進む姿が描かれています。

和牛はM‐1決勝に初めて進出して以来、一度も途切れることなく決勝進出を果たしていました。特に二〇一六年・二〇一七年と二年連続で準優勝という結果を残していました。それは誇らしい結果でありながらも、二年連続で優勝に一歩届かなかったという、あまりにも悔しく、それでいてどこか虚しさの残る結果でもありました。二〇一七年の決勝終了後、控え室に残る二人が呆然として落ち込んでいる姿は印象的です。「獲れないなあ……。うん。獲れない……」とつぶやく川西賢志郎の表情は哀愁を誘うとともに、芸人の性《さが》を感じさせます。二〇一八年の結果はまたも準優勝。「来年もまたもっとおもしろいネタつくって頑張ります」と水田信二が決意を新たにします。

かまいたちはキング・オブ・コントの優勝経験をもっています。それでもそれに慢心することなく、M‐1の優勝を狙います。濱家隆一が「M‐1は特別ですよ」と語る。高校三年生のときにM‐1が始まって衝撃を受けたこと、その後自分が芸人になってM‐1優勝だけを目指して邁進してきたこと、M‐1での優勝こそが自分たちが一番おもしろいということが認められることを意味するとの想いを吐露します。山内健司は「残念ですね」「悔しいですね」と肩を落とす。いいネタができて今年は自分なりに自信があったと。もともと今年で最後にしようと覚悟をもって臨んだM‐1であったと。これからまたいろいろ考えてみるとつぶやいて帰路に就きます。

3 登場人物が選ばなかった道の姿を想定する

一方、勝者には勝者の強い想いがありました。

霜降り明星のせいやは、事前のインタビューで「M-1ラストイヤーの十五年目の人たちと同じ土俵で闘ったら絶対に負ける。漫才の上手さを追うのではなく、別の競技のつもりで行くしかない」と決意を語ります。

高校時代に父親を亡くしている粗品は、その後母親に心配ばかりかけてきたことを負い目に感じています。優勝して母を安心させることが自分が納得して芸人を続けていく唯一の道と感じていることを切々と語ります。

二〇一七年の決勝に進めなかった二人の落ち込む様子、二〇一八年の決勝進出が決まった瞬間の嬉しさに号泣する二人、とカットが進みます。その後、優勝後に粗品が母親に電話した折に突如泣き出し、「母ちゃんが立派な息子だと言ってくれた」と号泣する姿は涙なくして見ることができません。

今回取り上げた「M-1グランプリ～アナザーストーリー」はこんな番組です。

芸人の性……。敗者には敗者の想いがあり、勝者にも勝者なりの強い想いがある。それをストレートに感じさせる番組でした。

4 登場人物との共通点・相違点を分析する

こうした映像を見せた後、「手品師」を読むことになります。

(1)これから先生が「手品師」という物語を読みます。漫才師も手品師もエンターテインメントを提供する職業です。いわば、どちらも「芸人」です。皆さんは、先生が読むのを聞きながら、M-1に出場した漫才師と「手品師」との共通点・相違点を考えながら聴いてください。
(2)「手品師」を範読する。
(3)少し時間を取りますので、共通点・相違点を整理してください。
(4)交流しましょう。

交流は四人グループで行います。ここでの交流は、必然的に、M-1グランプリに出場した漫才師たちと、主人公「手品師」との「芸にかける姿勢」の違いへと向かっていきます。こうした漫才師たちが、果たして、子どもとの約束を守るために、チャンスを棒に振るなどということが考えられるでしょうか。

5 共通点・相違点を観点に内容項目を取り上げる

(5)「手品師」は「誠実」を描いた物語です。誠実さには「対人への誠実」「対物事への誠実」の二通りがあります。「手品師」「M-1漫才師」のそれぞれについて、誰に対して、何に対して誠実かを考えてみましょう。
(6)誠実さにはもう一つ、「対自分への誠実」があります。自分自身に対して誠実なのはどちらでしょうか。理由とともに考えてみましょう。

ともに四人グループで交流する、この授業における中心活動です。

「手品師」は「対子ども」への誠実さを描いていますが、誠実さには「対他」「対事」「対自」という三つの方向性が考えられます。つまり、主人公「手品師」であれば確かに子どもに対する誠実さは果たしているでしょう（対他）。しかし、M-1漫才師たちも個々人を見ればコンビの相方への誠実さを果たしています（対他）。また、自らの「芸」に対して誠実なのはどちらでしょうか（対事）。こう考えてくると、自分自身に対して誠実なのはどちらだろうか、という視点が生まれます。

6 登場人物と正反対の人物を取り上げる

「ブランコ乗りとピエロ」は前節でも述べたように、「寛容」を描きながらも、その視座は自分とサムの二人だけに限定されており、主人公「ピエロ」（この物語で唯一内面が描かれる登場人物は「ピエロ」であり、従ってこの物語の主人公は「ピエロ」である）にリーダーとしての視野の狭さという難点があります。これを私は、作品としての「キズ」であり、必然的に教材としても「キズ」となると論じました。

従って「ブランコ乗りとピエロ」の〈縦コラボ〉の授業では、主人公「ピエロ」とは正反対の、要するに広い視野をもつタイプのリーダーシップを有する人物を紹介することとしました。言わば、「ピエロ」とは正反対の人物を取り上げるわけです。

「オーシャンズ11」という映画を御存知でしょうか。スティーブン・ソダーバーグ監督の二〇〇一年のアメリカ映画です。

ジョージ・クルーニー主演。ブラッド・ピット、マット・デイモン、アンディ・ガルシア、ジュリア・ロバーツ、当時の大スターがきら星のごとく出演しています。当時は日本でもかなりのヒット作でしたから、御覧になられた方も少なくないと思います。最近では宝塚歌劇団のミュージカルとしても上演されているようです。

ストーリーは単純です。ジョージ・クルーニー演じる大泥棒が、ブラッド・ピットやマット・デイモンといった仲間たちと一緒に、アンディ・ガルシアの経営するカジノの地下金庫から現金を強奪しようとする物語です。アンディ・ガルシアの恋人であり、かつてジョージ・クルーニーの恋人でもあったという役柄でジュリア・ロバーツが花を添えます。

予告編は次のような台詞で始まります。


史上最大の、犯罪計画がある。

各分野の、ベストのプロを用意しろ。

何人必要だ?

11人。


ジョージ・クルーニーはアンディ・ガルシアの地下金庫に侵入し、現金(それも1億6000万ドルという巨額)を強奪するにあたり、自分を含めて十一人の仲間を集めます。それも各分野のプロをです。

ちなみに「オーシャンズ11」の予告編も動画サイトですぐに見つかります。

7 映像視聴が無理な場合は教師の語りで代替する

次に、子どもたちにもこの十一人を一人一人紹介していきます。

①ジョージ・クルーニー／大泥棒・詐欺師
　盗みの計画を立てたり大規模な詐欺を働いたりといった頭の良い泥棒であり詐欺師である。映画の主人公であり、今回の計画の首謀者でもある。
②ブラッド・ピット／詐欺師・話術
　ジョージ・クルーニーが最初に声をかけたのがブラッド・ピットである。巧みな話術でケチな詐欺を働く詐欺師に過ぎないのだが、今回の計画ではカジノへの侵入をはじめ、さまざまな場面で話術が必要とされる。その意味でブラッド・ピットの能力が必要だったわけである。
③マット・デイモン／スリ師・黄金の腕
　「黄金の腕」をもつとされる若手スリ師である。メンタル的に少し弱いところはあるが、計画には鍵をスってコピーを終えたら気づかれずに戻すといった必要があり、彼の「黄金の腕」が計画に不可欠なのである。

④バーニー・マック／カジノのディーラー
計画を成功させるにはカジノに侵入して情報を集める役割を担う人物が必要である。そのためにはカジノに雇ってもらえるくらいの優秀なディーラーが必要である。
⑤ドン・チードル／爆発物・兵器の専門家
地下金庫を開けるには爆発物が必要である。それも兵器として使用するようなレベルの爆発物が、である。
⑥ケイシー・アフレック／ラジコン・変装
さまざまな下調べにも実際の強奪にもカメラを積んだラジコンが必要である。現在であればドローンだろう。また、潜入には変装技術が必要である。
⑦スコット・カーン／潜入・変装
情報収集には潜入技術と変装技術が欠かせない。また、実際に強奪する場面でも潜入技術は必要不可欠である。
⑧シャオボー・チン／曲芸師・運動神経
地下金庫はレーザーを使ったセキュリティが施されており、床を歩いた途端に警報が鳴る。セキュリティをロックするまでは床を歩くことなく、空中での作業が必要である。そこで曲芸師の運動神経が必要となる。

⑨エディ・ジェイミソン／電気・通信の専門家

強奪当日にはすべての防犯カメラをチェックして、全体を俯瞰しながら臨機応変に動かなければならない。防犯カメラの位置を確認するにも、防犯カメラ映像を傍受するにも、電気・通信の専門家が必要である。

⑩エリオット・グールド／実業家・資産家

大規模な強奪計画を行うためには初期投資が必要であり準備資金が必要である。資産をもつ者は必ず必要となる。

⑪カール・ライナー／かつての天才詐欺師

既に老齢であり、具体的には何かができるわけではない。しかし、いまなお多くの泥棒・詐欺師たちの尊敬を集めている。その意味で、「この人がいるのだから間違いない」という意識を皆に与えられる。精神的支柱としての役割を担う。こうした発想があることもこの映画の秀逸なところである。

以上、人名は役名ではなく、俳優の名前です。道徳に限りませんが、こうした紹介をおもしろおかしく惹きつけて話す話術も必要となります。

8 情報提示の意図を短い言葉でまとめる

「オーシャンズ11」のチーム十一人を紹介した後、次のように語ります。

(1)ジョージ・クルーニーは自分にできないことをできる人間を集めて十一人のチームをつくったのであり、これは「協働」の理想です。それぞれの得意技をコラボさせることによって目的を成功に導いたのです。いわば「プロデューサー」の役割を果たしたわけです。

授業技術の話になりますが、授業を展開していくのに最も重要なことの一つに、それ以前のさまざまな情報が何のために語られたのか、何のために提示されたのかを教師がまとめることが挙げられます。多くの教師がこれを曖昧にすることによって、授業の後半を破綻させます。しかし、中心活動の前提として提示している情報は、「揺れ」があってはいけません。子どもたち全員がそれをしっかりと意識することで、中心活動が成り立つのです。私はこうした原理を〈ブリーフィング・マネジメント〉と呼んでいます。詳細は拙著『一斉授業10の原理・100の原則』（学事出版・二〇一二年）を御参照ください。

9　二つの教材を対比する

続いて、「ブランコ乗りとピエロ」を範読します。中心的に取り上げるのは、ここでも次の場面です。

都でのサーカスも、最終日をむかえた。 ブランコ乗りが空中をまう。その中に加わったピエロが、こっけいなしぐさをして、わざと落下する。そのピエロをブランコに乗ったサムがすくい上げ、二人でかれいにわざを決める。観客から大きな笑いとはくしゅ。サーカスは大成功で幕を閉じた。すべてを終えたひかえ室は、団員たちの明るい笑い声に包まれていた。

この場面の問題点は前節で詳しく述べたので繰り返しません。

しかし、ピエロは他の団員がいるにもかかわらず、ブランコ乗りとのコラボレーションのみにしか目が向いていません。「オーシャンズ11」との違いは明らかです。このリーダーシップの質の違いを子どもたちによく確認します。

10 教育活動は少しずつ高度にしていく

(2)さて、ピエロはどうすれば良かったのでしょうか。アイディアを考えてみましょう。
(3)交流しましょう。

この発問に対する〈ラウンド・ロビン〉による交流の仕方も、前節で詳細に述べています。ここでは、〈ブレイン・ストーミング〉での交流を考えてみましょう。

〈ブレイン・ストーミング〉は六～八人程度で行います。順番にアイディアを一つずつ言っていきます。どのような馬鹿げたアイディア、現実性のないアイディアでも受け入れます。三周程度してアイディアを出し切った時点で、〈KJ法〉で似通ったアイディア同士を幾つかにまとめていきます。それをもとに合意形成を図り、「ピエロはこうすべきだった」という提案を各グループでつくります。

〈ペア・トーク〉や〈ラウンド・ロビン〉に慣れてきたら、子どもたちに少しずつ高度な交流・議論活動に取り組ませていくことが大切です。

〈横コラボ道徳〉の構造

ＡＬ型授業が普通に行われる時代になりました。どんな校種、どんな教師でも、普通に小集団交流を導入する時代がやってきました。長年実践者として教壇に立ってきた私には、まさに「隔世の感」があります。正直、ＡＬ型授業がこんなにも早く普及するとは思っていませんでした。その意味では、私はたいへん驚いています。

しかし、ＡＬ型授業もまた、道徳授業と同じでまだまだ未成熟です。ほんとうに機能しているかと言えば、まだまだ「ＡＬっぽい活動」をしているだけで、機能していないというのが実態ではないかと思います。

横のコラボ

　ここでは〈横コラボ道徳〉を紹介しながらも、ＡＬ型授業を機能させるための最低限の条件も提案していこうと思います。
　「手品師」と「ブランコ乗りとピエロ」の〈横コラボ〉授業の一例を提案しながら、ＡＬ型授業の〈基本構成〉、〈第一次自己決定〉から〈リストアップ〉、と〈第一次合意形成〉、〈シャッフルタイム〉から〈第二次合意形成〉、そして最後の〈リフレクション〉と、ＡＬ授業理論を御存知ない方々にしてみれば聞き慣れない言葉も飛び交うかもしれません。その場合には、どうぞ、拙著『個別最適な学びを実現する　ＡＬ授業10の原理・100の原則』（明治図書・二〇二三年）をあわせてお読みいただければ幸いです。

〈横コラボ道徳〉の構造

1　視点転換教材を自作する
2　広がりのある前提思考をつくる
3　「ＡＬ課題の四条件」に適う問いを中心活動とする
4　〈横コラボ〉教材は必ずしも文章教材である必要はない
5　〈構造〉を取り出すことに慣れさせる
6　活動機能を含む問いが有効である
7　ＡＬ型授業の構成には十段階がある
8　必ず「自分の意見」をもたせ〈リストアップ〉させる
9　メンバーをシャッフルする
10　教育活動は少しずつ高度にしていく

1 視点転換教材を自作する

(1)これから「手品師」と「元手品師」という二つの文章を配付します。まずは両方の文章を読み比べてください。

※二つの文章を黙読させる。

こう言って、二つの文章を配付します。私は上段に「手品師」を、下段に「元手品師」をというように構成して配付しています。A４判二枚に収まります。

ここでは以下に「元手品師」（視点転換教材）のみを挙げます。

【元手品師】

あるところに、手品師になりたいというかつての夢を捨てた男がいました。それでも手品の世界からはなれられず、マジックショーのプロモーションの会社で一生懸命に働いていました。

「ぼくの果たせなかった夢を、多くの手品師にかなえてほしいなあ。」

いつも、そう思うのですが、いまの彼は会社ではまだまだ下っぱです。友人にうでのいい手品師がいても、大劇場に立たせることができませんでした。

ある日のこと、元手品師が会社に行きますと、社長が頭を抱えて机にふしていました。

「どうしたんですか。」

元手品師は、思わず声をかけました。

社長はほんとうに困った顔で、売れっ子の手品師が病気になって明日手術することになった、あれほどのうでをもつ手品師の代わりはいない、ステージに穴をあけるわけにはいかないし、ほんとうに困っているのだと答えました。

「それはたいへんだ。そうだ。私の友人に一人、とてもうでのいい手品師がいます。あまり売れていませんが、ほんとうにうでは確かです。」

と言って、まかせてくださいとばかりに胸をはりました。

社長の顔は、明るさを取りもどし、すっかり元気になりました。

「それでは、連絡してくれたまえ。」

社長は、細い目を見開いて言いました。

「おまかせください。」

元手品師が答えました。

「きっとだね。きっと来てくれるね。」

「大丈夫です。ほんとうにうでがいいんですから。」

あの友人ならまちがいない。きっと彼も喜んでくれる。元手品師は、そんな気持ちでした。

その日の夜、少しはなれた小さな町に住む、仲のよい友人の手品師に、元手品師は電話をしました。

「おい、いい話があるんだ。今夜、すぐにそっちをたって、僕の家に来い。」

「いったい、急に、どうしたというんだ。」

「どうしたもこうしたもない。大劇場に出られるチャンスだぞ。」

「えっ、大劇場に。」

「そうとも。二度とないチャンスだ。これをのがしたら、もうチャンスは来ないかもしれないぞ。」

「もう少し、くわしく話してくれないか。」

元手品師は事の次第をくわしく話しました。

「そこで、ぼくは、君をすいせんしたというわけさ。」

元手品師の頭の中では、大劇場のはなやかなステージにスポットライトを浴びて立つ友人の姿と、社長と自分が満面の笑顔で抱き合う姿が、かわるがわるうかんできました。

「あのう、一日延ばすわけにはいかないのかい。」

「それはだめだ。手術は今夜なんだ。あしたのステージに、穴をあけるわけにはいかない。」

「そうか……。」

あのうでなら、彼はかならず売れっ子になる。そしてぼくらは、さらに友情を深めていくんだ。

元手品師は、もう、すっかり決めこんでいました。

「いいね。そっちを今夜たてば、あしたの朝にはこっちに着く。待ってるよ。」

友人の夢をかなえたい。僕は果たせなかったけれど、友人のうではぼくなんかよりずっとよかった。彼の手品は　多くの人たちに夢を与えられる。

しかし、そのとき、耳には友人のきっぱりとした声が聞こえました。

「せっかくだけど、あしたは行けない。」

「えっ、どうしてだ。君が、ずっと待ち望んでいた大劇場に出られるというのだ。これをきっかけに君の力が認められれば、手品師として売れっ子になれるんだぞ」

「ぼくには、あした、約束したことがあるんだ。」

元手品師はぼうぜんとしました。

大劇場に出ることよりも大切な約束……。

「そんなにたいせつな約束なのか。」

「そうだ。ぼくにとってはたいせつな約束なんだ。せっかくの君の友情に対して、すまないと思うが……。」

「君がそんなに言うなら、きっとたいせつな約束なんだろう。じゃ、残念だが……。また会おう。」


翌日、小さな会社の一室で、こまった顔の社長の前で、肩を落とし、涙を流しながらあやまり続ける元手品師の姿がありました。

2 広がりのある前提思考をつくる

ＡＬ型授業には、思考する上での〈フレーム〉（＝思考の枠組み）が必要です。言わば「前提課題」です。一斉授業のように〈ブリーフィング・マネジメント〉として教師が前提認識を固めるのではなく、子どもたちが思考することによって、広がりのある前提思考をつくるのです。そのため、「問い」の形をとるわけです。

中心的なＡＬ活動に入る以前に、フレームづくりとしての次の二つの問いを投げかけ、子どもたちに考えさせます。

(2)「手品師」と「元手品師」。失ったものはどちらが大きいでしょうか。本文に線を引きながら考えてみましょう。
(3)手品師は「せっかくだけど、あしたは行けない。」「ぼくには、あした、約束したことがあるんだ。」と言い、元手品師は「君がそんなに言うなら、きっとたいせつな約束なんだろう。じゃ、残念だが……。また会おう。」と言います。二人はなぜ、事の経緯を相手に説明したり相談したりしないのでしょう。

3 「ＡＬ課題の四条件」に適う問いを中心活動とする

続いて中心課題です。

> ⑷友人に対して「誠実」であるとはどういうことなのでしょうか。
> ⑸交流しましょう。

私は前に、ＡＬ型授業の課題の条件として、「子どもの将来に必要とされる課題」であることを挙げました。そこでは、社会問題ばかりでなく、「エリート・非エリートに関係なく、だれもが一度は真剣に悩み、その後、意識するしないはあるにしても人生を賭けて追究していくことになる課題」を扱うことが必要だと述べました。また、道徳授業こそがこうした課題を追究させる人を負うとも述べました（八六頁）。

この課題がそうした課題の一例になります。

この課題は前提課題と相俟って、事の経緯を友人に説明して理解を求めることが誠実なのか、友人を信用して何も問わず、何も語らずに引き受けることが誠実なのか、という問いを必然的に含むことになります。友情とは何かを考える問いになるわけです。

4 〈横コラボ〉教材は必ずしも文章教材である必要はない

> (1)「ブランコ乗りとピエロ」を範読する。
> (2)要するに、喧嘩して仲直りしたという物語です。
> (3)次の喧嘩と仲直りと比べてみましょう。二人の2歳児が喧嘩して仲直りするビデオです。
> ※ビデオを視聴する。
> ※ビデオは「ブランコ&パズルの取り合い！ 仲直りできるかな？ 大泣き ケンカ おもしろ 教育 家族 チェリーランドチャンネル」チェリーランドチャンネル (https://www.youtube.com/watch?v=mKyfy13vPwI)

本書を読むのをちょっと休憩して、是非ともこのタイミングで映像を御覧ください。きっと、「ブランコ乗りとピエロ」とこの映像との数々の共通点に気が付くはずです。

ここで確認しておきたいのは、教科書教材と並列する〈横コラボ〉教材は、〈縦コラボ〉教材がそうであったように、必ずしも文字言語教材である必要はないということです。

5　〈構造〉を取り出すことに慣れさせる

〈横コラボ〉教材「ブランコ&パズルの取り合い！」は、前半はブランコを取り合って喧嘩している、後半はパズルピースの取り合いで喧嘩をし、大人の女性（おそらくは母親）の仲介で機嫌を直す、そんな微笑ましい映像です。

前提課題は次の二つです。

> (4)　2歳児の喧嘩と仲直り、「ブランコ乗りとピエロ」の喧嘩と仲直り、いったい何が違うのでしょうか。
> (5)　確かに取り合っているものは2歳児がブランコやパズル、「ブランコ乗りとピエロ」ではスターの座、そこは違います。しかし、欲しいものを取り合っているという点では、構造的に同じなのではないでしょうか。

〈横コラボ道徳〉をＡＬ型授業として進めようとすると、どうしてもコラボ教材二者の〈構造〉を取り出して比較するという営みが必要になります。その意味で、日常的に各教科を通して、〈構造〉を取り出すことに慣れさせる必要があります。

6 活動機能を含む問いが有効である

中心課題は次の二つになります。

(6)二つの喧嘩と仲直り。共通点と相違点を思いつくままに書き出してみましょう。
(7)揉め事において、大人と子どもとでは何が同じで何が違うのでしょうか。グループで交流して、幾つかにまとめてみましょう。

この課題も、大人の仲違いはどういう構造をもつのかを考える問いであり、「AL課題の四条件」に適う課題です。しかも、問いの構造自体に〈ブレイン・ストーミング〉から〈KJ法〉へという活動機能が含まれています。こうした思考過程に沿った課題が有効です。

7 ＡＬ型授業の構成には十段階がある

ここでは、ＡＬ型授業の基本構成について述べていきます。

私はＡＬ型授業が理想的には次の十段階で進められると考えています。もちろん子どもの実態や指導時数の限界など、条件によって応用していくことになりますが、この十段階が「典型」だと考えています。

①課題の提示
②第一次自己決定（個人の意見）
③第一次合意形成（小集団の合意形成）
④第一次合意形成の活性化（主に小集団の組み替えによる）
⑤第二次自己決定（個人の意見）
⑥第二次合意形成（元の小集団の二度目の合意形成）
⑦全体発表
⑧第一次振り返り（個人の振り返り）
⑨振り返り（合意形成過程のメタ認知化）
⑩学習作文

8 必ず「自分の意見」をもたせ〈リストアップ〉させる

ＡＬ活動のポイントの一つは、右の②「第一次自己決定」から③「第一次合意形成」へと至る過程です。本書でも何度か述べてきましたが、ＡＬ活動を成功させるキモは、最初に子どもたち全員に「自分の意見」をもたせることです。

「手品師」と「元手品師」にしても、大人の喧嘩と2歳児の喧嘩にしても、問いに対して子どもたち全員に「自分の意見」を必ずワークシートに書かせなくてはなりません。前にも述べましたが、人は「自分の意見」をもって、初めて交流・議論への「当事者意識」が生まれるものだからです。そのためには、一度、じっくりと自分自身で、誰とも交流することなく考える時間が必要です。この時間を取らずに、課題を提示して即座に交流に入る実践が多いのです。

小集団による交流・議論は、そのそれぞれの「自分の意見」を順番に述べていくことから始まります。必ず小集団全員の見解を平場に出すのです。この間に、子どもたちは無意識のうちに〈フリートーキング〉に入ってから話し合うべき「視点」を整理しています。この思考があってこそ、実は「合意形成」へと向かっていけるのです。〈リストアップ〉は子どもたちに、無意識のうちに「見通し」をもたせているのです。

9 メンバーをシャッフルする

〈リストアップ〉が終わり、「合意形成」が図られます。道徳授業では、この時点で全体指導に入り、各グループに発表させ、教師が板書等でまとめていくという授業が多く見られます。しかし、小集団交流を固定したメンバーで進めていくと、ほぼ間違いなくメンバーの発想が固定化していきます。その固定化した意見が、固定化した雰囲気が少しずつ視野を狭くしていきます。結果、どうしても意見交流は停滞します。現象的には活発だったとしても、思考の中身が停滞してしまうのです。

私は経験的に、子どもたちが固定メンバーで十五分〜二十分間の意見交流をしたら、まず間違いなくグループの思考は停滞していると確信しています。そこで、ある一定時間が経過したら、「必ずシャッフルタイムを設けなければならない」くらいの覚悟をもって授業に臨むのが良いと考えています。〈ワールドカフェ〉や〈ジグソー〉のようにシステマティックにシャッフルする方法もありますし、時間を決めるだけで自由に交流させる方法もあります。これが第二のポイントです。

発想が活性化し、結果的に思考が広がり深まることになります。もう一度元のグループに戻って交流すれば、第二次合意形成は劇的に高次のものとなります。

10 教育活動は少しずつ高度にしていく

リフレクション――一般に「内省」と訳され、AL授業に不可欠とされる学習プロセスとされます。〈リフレクション〉流行りの昨今ですが、道徳授業では個人での振り返りは最後にワークシートに書くものの、小集団での〈リフレクション〉はあまり実践されていない印象があります。道徳授業においても、AL型授業が展開されたならば、最後に時間の許す限り〈リフレクション〉に取り組ませることをお勧めします。これが指導過程の⑨「振り返り」であり、AL型授業を機能させるポイントの第三です。

しかし、「みんなと意見交流ができて楽しかったです」「みんないろいろな意見をもってるんだなあと思いました」といった、感想交流では意味がありません。初期指導としてはあり得るかもしれませんが、慣れてきたら、どういう感情で小集団交流に参加したかだけではなく、その交流で自分がどういう思考過程を経たかを振り返りたいものです。

私はよく、次のように言うことにしています。

> 感情の山場と思考の山場の二つを振り返りなさい。

〈自主開発道徳〉の構造

教科書教材の授業を中心に取り組んでいる先生方には、〈自主開発道徳〉などというものは不必要に思われるかもしれません。しかし、三つの観点で、〈自主開発道徳〉は必要だと私は考えています。

第一に、自主開発授業は教師が子どもに伝えたい、授業したいと思うことをモチベーション高くつくったものなので、実際に授業にかけたときには、教科書教材の授業に比べて、圧倒的に子どもたちへの機能度が高いということです。

第二に、自主開発授業をたくさんもっていれば、教科書教材との組み合わせで、〈コラボ授業〉が容易に開発できるということです。現実

的にはこの機能が最も有効かもしれません。

　第三に、自主開発授業をつくるというその経験自体が、教科書教材の授業を何度するよりも、授業の構成の仕方、指導言のつくり方、終末のつくり方等において教師の力量を高める機能をもつということです。

　ここでは、私の自主教材による〈縦コラボ〉〈横コラボ〉授業を紹介しながら、〈自主開発道徳〉の意味、意義について語っていきます。道徳授業に対する読者の皆さんの世界観を広げられたらいいなと思いながら、私なりの自主開発授業づくりのポイントを述べていきます。

〈自主開発道徳〉の構造

1　自主開発道徳はきわめて有効で実用的である
2　自主開発授業は PPT でつくる
3　定期的な新作開発を自らに強いる
4　「発信サイクル」に身を置くことで開発できる
5　〈縦コラボ〉で自主開発授業をつくる
6　〈横コラボ〉で自主開発授業をつくる
7　経験の想起には配慮を要する
8　個々の専門性を活かした豊かな実践が生まれる
9　「敬愛する人・物」を教材化する
10　自分の特性を抑制し過ぎてはいけない

1 自主開発道徳はきわめて有効で実用的である

教科道徳が始まる以前のことです。

巻では、自主教材の道徳授業を開発することが「道徳好き」の教師の間で流行していました。『とっておきの道徳授業』(日本標準)や『J-POPで創る中学道徳授業』(明治図書)など、シリーズ化された優れた実践集もありました。前者はいまなお刊行を続けていますが、後者は二〇一八年七月以来、続巻の刊行はされていません。前者も売り上げは下がってきているのだろうと想像しています。おそらく自主開発道徳への期待が教科道徳以来、薄れて来ているからです。

しかし私は、教師が自主教材の道徳授業の開発をやめるべきではないと考えています。理由は二つです。

①多く開発すれば、教科書教材のコラボ教材として日常的に使える。
②道徳授業をつくるうえで、その構成法のバリエーションが広がる。

双方ともに、私にはきわめて有効で、実用的であるように思えます。

2 自主開発授業はPPTでつくる

私の場合、ここ五年弱で、約一五〇本の自主教材の道徳授業を開発してきました。しかも、現在も年間三十本前後のペースで開発を続けています。内容項目に多少の偏りはありますが、二十二の内容項目のそれぞれに少なくとも四本の自主開発授業があります。多いものは十本程度あるほどです。

自主開発授業はすべてPPTとしてつくっているので、教科書教材とコラボさせようとしたとき、ちょこっと直す程度ですぐに使えます。おかげで道徳授業が苦にならなくなっています。しかも教科書教材だけで行うよりも機能している実感があります。更に言えば、教科書教材のみで行うよりも私自身の道徳授業に対するモチベーションを高めている実感もあります。

また、道徳授業の構成法のバリエーションも劇的に増えたとも実感しています。本書で教科書教材の授業として提案した〈ソロ〉〈縦コラボ〉〈横コラボ〉という〈シンクロ道徳〉の発想も、もともと自主教材の開発で普通に行っていた手法です。二つの教材を組み合わせて授業するということは当然のことながら自主教材でもできるわけで、私はそのような開発の中で教材や思考をシンクロさせることを学んだわけです。

3 定期的な新作開発を自らに強いる

加えて、私は定期的に自主開発授業を発表する機会を自らつくっています。定期的に新作発表のセミナーを開催して、自分に新作の開発を強いているわけです。毎回二十人に参加者を絞り（コロナ禍が始まってからは定員を十人にしています）、少人数でかなり深い議論を重ねることを常としています。

そこには、必ず大野睦仁・宇野弘恵・山下幸・千葉孝司と、私を加えて五人が集い、それぞれが内容項目A～Dの四本を提案することにしています。誰かが都合で欠けた場合にも、他の北海道内の実践家に登壇を依頼し、一度新作発表のセミナーが行われれば必ず二十本の新作が提案されるというペースが固定しています。こうした場が年に五～六回程度あります。これだけで二十本以上の新作を開発しなければならないわけです。その他の道徳セミナーが開催されることもあるので、結局、年間三十本程度の新作開発が常態化することになるわけです。

新作をつくり発表した者同士の議論は、授業づくりのかなり細かいところにまで及びます。毎回、火を吹くようなプレッシャーに苛まれますが、それと同時に、毎回、大野・宇野・山下・千葉という開発仲間をもったことの幸福を感じています。

4 「発信サイクル」に身を置くことで開発できる

北海道内のセミナーで提案した新作を、北海道外のセミナーでも提案します。そうすると、道内で提案した新作が、私の授業に日常的に接していない参加者にどのように捉えられるのかがわかります。ここが通じないようだ、ここのつながりに無理があるようだといったことが、道外のセミナーで理解されてくるわけです。道外セミナーから帰宅すると、記憶の新しいうちに反省点を洗い出して、ＰＰＴを修正します。

子どもたちに授業するのはその後です。自分なりに完成したと思えたものでないと、子どもたちへの授業にかけるのははばかられます。もちろんいつも成功するわけではありませんが、かなりの成功率を示します。道徳というのは題材のすべてが生活経験とリンクしていますから、他の教科と異なり、セミナーの参加者（教師たち）と子どもたちの間にそれほどのレディネスの差というものはないものです。

こうしたサイクルが、私の道徳授業を間違いなく充実させています。

新作開発は決して楽ではありません。私のように、自らを「発信」の場に置いて「開発」を強いないと、なかなか長続きしないものです。しかし、一度このサイクルに身を置いてしまうと、苦労の度合いが減少してくるのも確かです。

5 〈縦コラボ〉で自主開発授業をつくる

例えば、私の自主開発授業に「ネタにマジレス」という授業があります。漫才コンビ「カミナリ」のボケとツッコミの在り方と、新聞に投稿されたある母親の文章に対するネット上の反応とをかけ合わせて、漫才の「ツッコミ」の在り方とネット上の「ツッコミ」の在り方とを比較対照しようとする授業です。

また、私に「帰り道」という授業があります。松山千春の「帰り道」という曲の歌詞から勤労者の疲れ、勤労者の悲哀を抽出し、その後、「人事部が学生に『学校』と『会社』の評価のちがいについてホントのところを説明した。」（安達裕哉／「Books & Apps」／二〇一六年三月一日）という資料を提示して、「勤労」に対してどういう構えが必要かを考えさせるという授業です。

どちらも二つの教材をかけ合わせた〈縦コラボ〉の授業です。これらはともに、教科書教材授業としての〈シンクロ道徳〉の提案以前に開発した授業であり、こうした授業開発が私の教科書道徳の授業づくりに大きく影響していることは確かです。双方ともに既に公に発表している授業ですので、詳細は拙著『堀　裕嗣の道徳授業づくり　道徳授業で「深い学び」を創る』（明治図書・二〇一九年）を御参照いただければ幸いです。

6 〈横コラボ〉で自主開発授業をつくる

私の自主開発授業に「弱さを克服できない人たち」という授業があります。

二〇一九年の夏、京都府と東京都で、時代的雰囲気を体現するような哀しい事件が相次いで起こり、容疑者が逮捕されました。罪状はともに「死体遺棄」です。

一つは、京都のある生活保護ケースワーカー（29歳男性）が担当する生活保護受給者の殺人事件に際して、その死体遺棄を手伝わされたという事件です。驚くべきことにこのケースワーカーは一般に自分が保護し、殺人を犯した受給者が保護される立場であるはずなのに、日常的に受給者に脅され、精神的に支配されていたために心ならずも死体遺棄を手伝わされることになったのだと言うのです。逮捕され、事情聴取が進むにつれ、このケースワーカーが日常的にこの元暴力団の受給者にクレームをつけられ、次第に精神的に弱っていき支配されるに至った経緯がわかってきました。また、買い物を手伝わされたり勝手に自家用車を使われたりしていた日常も明らかになりました。そしてそうした支配・被支配関係に至る過程に、ケースワーカーが一人で年間二四〇回を目処に家庭訪問しなくてはならず、このケースワーカーに限らず日常的に受給者に罵声を浴びせられることが多く、精神的にやられてしまう者が多いという過酷な労働環境が明らかになっていったのです。

もう一つは、東京に住むある男性（61歳）が父親（91歳）の病死に際し、その死体を自宅に一か月近く放置、匂いに気付いた近隣住民からの通報で、死体遺棄の罪で警視庁に逮捕されたという事件です。容疑者の男性は「ずっと父と一緒にいたのに急に一人になるのが怖かった。父から離れたくなかった」と供述しました。その後、裁判において、この親子のこれまでの経緯が明らかになっていきます。この男性は定時制高校を卒業後、衣料品の販売店員として勤務、当初は両親と三人で暮らしていましたが、男性が二十歳のときに母親が乳癌で死亡、以来父親との二人暮らしになりました。その後、二十八歳のときに特に理由もなく引きこもるようになり、家計は父親が労働や年金で支え続けました。つまり、この男性は三十年以上引きこもっていたわけです。裁判でこの男性は「通報しておやじを連れて行かれたら、ほんとうに一人ぼっちになると思って、救急車を呼べなかった。一人になるのが怖かった。近くにいてほしかった」「『かわいそうなことをしている』という気持ちになった。そんなとき、警察官が異臭騒ぎを聞いてやってきた。最初は『部屋の中は見せたくない』と抵抗したが、心のなかではほっとしていた」と述べました。

どちらも「死体遺棄」という罪状には似つかわしくない、何とも言えない背景がありました。この二つの死体遺棄事件を並列に並べて〈横コラボ〉教材とします。そして、次のように問います。

(1)この二人は、ただ「自分の弱さを克服できなかった」、それだけの人として片づけてしまって良いのでしょうか。交流してみましょう。
(2)この二つの事件を知って、「現代の病理」について感じたこと、考えたことを交流してみましょう。

前者が前提課題、後者が中心課題です。四人グループで交流することになります。

この二つの事件は、私に大きな衝撃を与えました。京都の事件が六月の逮捕、東京の事件が八月の逮捕だったわけですが、どちらもいわゆる「いい年をした大人」が起こした事件です。しかし、実はこの時代には、何か「いい年をした大人」たちにこうした事件を起こさせてしまう所以があるのではないか、そうした雰囲気が時代にあるのではないか、そう感じたわけです。

私の提案する〈シンクロ道徳〉における〈横コラボ〉の授業提案の裏には、例えばこうした自主開発授業をつくったという背景があります。〈横コラボ〉もまた、何も教科書教材の授業ばかりに機能するわけではないのです。

7 経験の想起には配慮を要する

私の自主開発授業に「癒し」という授業があります。

(1)これまでの人生で、／最も悲しかった喪失、／つらかった喪失を／思い浮かべてください。
(2)大切な人を亡くした…／大好きな人に裏切られた…／想い出すのはつらいかもしれませんが／哀しい別れを経験したときのことを／思い浮かべるのです。
(3)交流はしませんので／安心して／思い浮かべてみましょう。

「／（＝スラッシュ）」はすべて改行箇所です。これらの文言がセピア色の写真とともに、一行あたり二秒の時間をかけて、ゆっくりとフロートインします。

こうした抵抗を感じるタイプの活動については、最初の段階で「(3)交流はしませんので安心して思い浮かべてみましょう。」のような指導言を提示することを怠ってはなりません。中心活動につながる大切な活動であればあるほど、こうした配慮が大切になります。

道徳の授業ではこうした配慮のないままに体験を想起させる実践の何と多いことでしょう。

8　個々の専門性を活かした豊かな実践が生まれる

(4)世界中に愛され／世界中の人々が癒された／二つの名曲があります。／特に日本では／二曲とも長く愛され続けている曲です。
(5)あなたはどちらの曲に癒されますか。／あなたの喪失感を癒すのは／どちらの曲でしょうか。／どちらも名曲ですが／どちらかと言えばこっち…／それを決めて欲しいのです。
(6)これから聴いていただきます。／聴きながら、理由とともに考えてみましょう。

これもゆっくり提示して、曲を流します。一曲目は「あこがれ／愛」（ジョージ・ウィンストン）、二曲目は「禁じられた遊び」（ナルシソ・イエペス）です。冒頭から一分半ほどを二回ずつ聴かせます。

その後、じっくりと四人で交流させます。セミナー参加者も子どもたちも、ほぼ真っ二つに分かれます。子どもたちもどちらもかすかに聴いたことのあるような気がすると言います。そして「両方とも良い曲だ」と言います。

中心課題は次です。

(7)「癒し」の要素って、何なのでしょうか。感じたこと、考えたことを交流しましょう。

言うまでもなく、これも〈横コラボ〉です。しかも、セミナー参加者でも子どもたちでも、交流が活発に展開します。二曲が名曲だということもありますが、何よりも交流を機能させているのは、最初に「人生で一番哀しくつらい喪失」を想起させていることにあると私は感じています。その喪失の映像を思い浮かべているからこそ、この二曲を聴き比べる感性が鋭くなるのです。そして、その体験を通るからこそ、「癒し」の要素を考える素地も生まれるわけです。結果的に、私の〈横コラボ〉の自主開発授業としては、大人にも子どもにも割と評判の良い授業になっています。

いずれにせよ、おそらくインストゥルメンタル曲を教材化しようとする発想は、教科書には見られません。しかし、自主開発授業なら音楽教師であれば自然に発想するはずです。自主開発授業が当然になれば、私は教師それぞれの専門性を背景にした豊かな実践がたくさん生まれるのではないか、そうなれば良いのに、と感じています。

9 「敬愛する人・物」を教材化する

私は二〇二二年夏現在、既に自主開発授業を一五〇本ほどもっていると述べました。これらの授業開発に共通しているのは、私自身が若い頃から大好きだったり自分自身が猛烈に心を動かされたりしたものを教材化しているという点です。

私は小学校五年生以来、松山千春を聴き続けています。彼のアルバムをすべてもっています。漫才師はカミナリが好きです。ジョージ・ウィンストンの「あこがれ／愛」は私の中学校から高校時代に猛烈に流行った曲ですし、「禁じられた遊び」はギターの練習をした想い出の曲です。そして、「弱さを克服できない人たち」で取り上げた二つの事件に、涙が出てくるほどに私は猛烈に心を動かされたのでした。

この他にも私は自分の「敬愛している人・物」をたくさん教材化しています。ロバート・デ・ニーロやメリル・ストリープといった俳優、谷山浩子や井上陽水といったフォークシンガー、「異人たちとの夏」や「蝉しぐれ」といった映画、芥川龍之介や村上春樹といった小説家などなど……。いわさきちひろの絵本など、全作品を授業化しようと考えているほどです。

もしかしたら、読者の皆さんはここまでを読んで、「そんなの個人的な趣味に過ぎないじゃないか」と思われるかもしれません。しかし、そうでしょうか。ルックスが好きなだけの俳優やアイドル、なんとなく見ると決めているシリーズドラマ、最近知ったお気に入りのお笑い芸人、そういったものなら確かに「趣味」かもしれません。しかし私は、長く「敬愛している人・物」を教材化しているのです。新作が出れば必ず買って読むという作家、その人の出演する映画を見続けてきたという俳優、子どもの頃に好きになりいまなおずーっと聴き続けているミュージシャン、「なるほど……」と心震えるほどにその主張に納得させられた思想家、そうした「敬愛するもの」たちがあなたにもあることでしょう。そしてそれは、実はあなたの「鏡」なのではないでしょうか。長きにわたって、あなたが成長するための、或いはあなたの人生を充実させるための「触媒」として機能してきたものたちなのではないでしょうか。そしてそれはあなたの人生観、教育観、家族観、恋愛観等々、端的に言うなら、あなたの「世界観」を形成してきた大事なものたちなのです。

数年に一度、何度も読んだのにどうしてももう一度読みたくなる小説、数年に一度、どうしても観たくなる映画、なにかネガティヴなことがあったときに年に何度か聴いて励ましてもらっている自分の中の名曲、前にも述べましたが、だれしもそうしたものをもっているはずです。それらを「趣味」と呼ぶには抵抗がありませんか。もう少し広く、もう少し深い、言葉にはできないけれど何か人生にかかわる某かではありませんか。

10 自分の特性を抑制し過ぎてはいけない

教師はどんなに表面を繕おうとも、生身の人間として子どもたちの前に立っています。ひとたび生徒指導事案が起これば、生身の人間としての生身の感覚はどうしても前面に出ざるを得ません。Ａ教諭の語り方とＢ教諭の語り方は絶対に異なります。子どもたちはその細かな違いを、或いは細かな違いだからこそ、その背景に大きな世界観の違いがあることを敏感に感じ取り、ときには大きく納得したり大きく反発したりするのです。それが学校教育という営みにおいて人間同士が対峙する逃れようのない構造なのです。

とすれば、生徒指導場面よりもはるかに公共性が高い道徳授業において教師の個人的特性が出るというのは、生徒指導場面で教師が意識せずに醸してしまう個人的特性よりも、むしろ罪が軽いのではないかと私は思います。そもそも担任学級の子どもたちとの付き合いは一年を基本単位としています。次年度には学級編制があったり担任が替わったりして、子どもたちはまた別の個性の影響を大きく受けることになるのです。教師から見れば、子どもたちの長い学齢期において自分の影響は必ず「相対化される」ということです。自分の個性を抑制しなければならない場面があることは確かでしょうが、それを怖れるあまりに「自分だからこそできること」を抑制し過ぎてはいけない。私はそう考えています。

〈問題意識道徳〉の構造

〈問題意識道徳〉とは、子どもたちに是非伝えたいという教師の〈問題意識〉がまずあって、それを具現化するための道徳授業づくりという意味合いです。

教科書教材による道徳授業では、どうしてもカリキュラム先にありきで、教師としてはそれほど必要感がなくても、やらなければならないから取り敢えず授業するということになりがちです。おそらく多くの教師がそういう感覚で道徳授業に臨んでいることが多いのではないでしょうか。

〈問題意識道徳〉は、そうした授業のアンチテーゼとして提案しています。

ここでは昨今のコロナ・パンデミックを踏まえ、このコロナ禍で子どもたちに何が必要かという観点で話を進めていきます。特に大切なのは、第一章で提案した「間接性の原理」です。いくら教師が子どもたちに強く伝えたいという〈問題意識〉をもっていたとしても、それを直接伝えようとするとどうしても説教じみてしまいます。それを避けるために、「間接性の原理」を使って子どもたちに気付かせる、感じさせるというタイプの授業づくりの在り方を核に提案しています。

学級担任だからこそできる授業、子どもたちに最も身近だからできる授業というコンセプトが裏にあります。

〈問題意識道徳〉の構造

1　「題材先行型」と「問題意識先行型」とがある
2　できるだけ具体的な観点で題材を探す
3　「問題意識」の視野を広げる
4　知らないからこそのアドヴァンテージがある
5　〈サイレント指導言〉で雰囲気を醸成する
6　題材の同質性と異質性を併せて提示する
7　同様の授業展開を繰り返すことで増幅させる
8　教師は社会を見る「目」をもたねばならない
9　「お説教道徳」にならないよう間接的に取り上げる
10　「問題意識」を子どもの実態から生成する

1 「題材先行型」と「問題意識先行型」とがある

自主教材の道徳授業を開発するという場合、二つの方向性があります。

一つは、教師の教材開発アンテナにある事象が引っかかった場合に、「あっ、これを教材に授業つくりたい」と考える在り方です。要するに、良い教材を見つけたのでそれを授業化しようという方向性です。もう一つは、教師の問題意識がまずあって、これを子どもたちに伝えるためにはどんな教材が良いだろうかと探していく在り方です。要するに、教師のやりたいことがあって、それを具現化する教材を開発して授業化しようという方向性です。私は前者を「題材先行型」、後者を「問題意識先行型」と呼んでいます。

もちろん、道徳授業には内容項目がありますから、多くの自主開発は内容項目に相応しい題材はないかという目で探すことになります。「題材先行型」とはいえ、純粋に題材が先行しているのではなく、あくまで内容項目に合致した題材として見つかるのだとも言えます。しかし、多くの皆さんが経験していると思いますが、内容項目をもとに題材を探しても、なかなか見つかるものではありません。内容項目の記述は「抽象度」が高過ぎるのです。抽象的な概念を具体的な事象に結び付けるのは、なかなか高度な能力です。その意味で、内容項目とリンクするような教師の「問題意識」を取り上げるわけです。

2 できるだけ具体的な観点で題材を探す

例えば、二〇二〇年以来コロナ禍が続いているわけですが、読者の皆さんはこのコロナ禍において、子どもたちが被った被害にはどんなものがあると感じているでしょうか。肉体的なものでも良いですし、精神的なものでも構いません。少し考えてみてください。

多くの皆さんは、いわゆる「三密」を避けることが強要され、学校内外を問わず、子どもたちのコミュニケーションが制限され続けていることを第一に挙げるのではないでしょうか。仙台育英の監督のコメントにもありましたが、多くの教育関係者がこのことのもつ教育上のネガティヴィティをコロナ禍の最大の難点だと感じています。さまざまな教育活動を制限しなければならないことに、しかも自分自身がそれを先導しなくてはならないことに、心苦しく思っている教育関係者は多いはずです。

これが私の言う「問題意識」の一例です。この問題意識は、内容項目B・C・Dのほとんどの項目とリンクするはずです。とすれば、密接なつながりがもつポジティヴなものには何があるか、という観点で題材を探せば良いわけです。この観点で探すことは、例えば「集団生活の充実」の何か良い題材はないかなと探すより、ずっと教材開発の視点が具体的になるはずです。

3 「問題意識」の視野を広げる

私はコロナ禍において、子どもたちが生涯を通じて失ったものは、体力ではないかと感じています。休校や緊急事態宣言、蔓延防止等重点措置によって外出制限をかけられた時間がどれほどあったでしょうか。運動系の学校行事が制限される。体育の時間に制限がかかる。部活動にも制限がかかる。休み時間の体育館遊びやグラウンド遊びも中止されたり制限がかけられたりする。良し悪しはともかくとして、休み時間に教室内や廊下で追いかけっこをするなんていう子どもらしい姿も見られなくなりました。もしもこの期間、これらの時間が通常通りに行われていたとしたら、子どもたちに培われたであろう体力は現状とどれほどの差があったでしょうか。私はそれを思うのです。

では、本来なら得ていたはずの体力を失うとは、いったいどういうことなのでしょうか。例えば合唱。例えばものづくり。例えば学習時間。いかにも体力を使うイメージの合唱や各種実習のみならず、体力が落ちるということは自分の躰をコントロールする力が弱まることを意味しますから、疲れやすくなれば集中力を失うことにもなるかもしれません。もしかしたら、目に見えない形で子どもたちから失われているものは、想像を絶する規模のものなのかもしれません。私はそれを怖れます。

4 知らないからこそのアドヴァンテージがある

私の高校時代、「ベストヒットUSA」という大ヒット番組がありました。小林克也が司会をする洋楽番組で、アメリカのヒットチャートの紹介を主とする番組でした。この番組を介して、日本にも数々の洋楽の大ヒット曲が生まれたものです。

「ベストヒットUSA」のチャート紹介は、二十位から一位までの発表でした。時代はPVの草創期ですから、順位発表ではそれぞれの曲のサビの部分のPVやライヴ映像が短く流れます。

ある日のことです。トップテンを紹介する中で、シーナ・イーストンの「ストラット」という曲のライヴ映像が流されました。やはり十数秒程度、サビの部分だけのごく短いものです。しかし、私はそのライヴ映像でそれまで興味のなかったシーナ・イーストンに圧倒的に惹きつけられました。彼女の歌声と身体と表情とがあまりにも一体化していたのです。シーナ・イーストンは踊るタイプのシンガーではありません。しかし、その映像の彼女は、まさに「躍動」していました。私はいっぺんにファンになりました。

いま考えると、おそらく、シーナ・イーストンはシンガーとしての充実期を迎え、それまでに比して、圧倒的な声量とリズム感と表情の豊かさを得たのだろうと思います。そして総じて言うと、彼女が身につけたものは「自らの身体を無意識にコントロールする力」だったのではないか、と思うのです。精神の充実が肉体の充実を呼び、肉体の充実が更なる精神の充実をもたらす、彼女はそういうサイクルの真っ只中にいたのでしょう。

私は私なりの「体力」の授業として、彼女のこのライヴ映像を教材化することにしました。タイトルはそのまま、「ストラット」という授業です。「そんな古いものを」と思われるかもしれませんが、私は道徳の題材には、「子どもたちが知らないことのアドヴァンテージ」というものがあると考えています。子どもたちのだれ一人知らない題材だからこそ、すべての子どもたちが同じスタートラインで授業に臨めるという機能をもたらすのです。子どもたちの一部が知っているという有名な題材だとこうはいきません。

先生が高校三年生のときのことです。ある女性シンガーの短いライヴ映像を見て、一瞬でそのシンガーの虜になったことがあります。先生はこのライヴ映像の何に惹かれたのでしょうか。考えながら見てください。

こう言って二度、映像を見せて交流させます。

提案趣旨にはほぼ関係ないのですが、一応、映像は紹介しておこうと思います。この動画の三分から三分二十秒の箇所です（https://www.youtube.com/watch?v=aBNc9L56BIk）。

子どもたちは教師の若い頃の話を聞くのが割と好きです。いまの自分とほぼ同世代だった頃の話はもっと好きです。その意味では、教師自身が意欲喚起の触媒となるという展開の導入になります。

子どもたちは交流によって、ルックスやスタイルといった女性としての魅力や歌声の迫力などのシンガーとしての魅力を指摘しますが、特にまとめることはせずに、「では、それを考える上で、ヒントになる映像を幾つか見ていきます」と展開していきます。ここで見せたのは、「ジキスカン」（ジンギスカン／一九七九年）、「フライデー・ナイト」（アラベスク／一九七九年）、「オートマティック」（ポインター・シスターズ／一九八三年）の三曲ですが、ともにメンバーの一人が他のメンバーを圧倒して「躍動」しているタイプの映像です。この三連発で、子どもたちも「躍動する身体性」のようなものを理解します。もう一度、シーナ・イーストンの冒頭の映像を見せて交流させた後、次のようにまとめます。

> 身体と精神の一体化
> それが洋の東西を問わず、人間が「機能する」ということなのです。

5 〈サイレント指導言〉で雰囲気を醸成する

もう一つ、海外のアーティストを扱った授業を紹介しましょう。「ハスキーなためいき」という、やはり海外の女性シンガーを扱った授業です。

(1)おばあちゃんの若かったころを／想像したことがありますか?／そう。／おばあちゃんがちょうど、／お母さんくらいの年だったころ。／人によって開きはあるでしょうが、／30年から40年ほど前のことです。
(2)一九八一年／ちょうど、／皆さんのお母さんくらいの年の／ハスキーボイスのシンガーが／世界的な大ヒットを飛ばしました。

前節でも述べましたが、「／（＝スラッシュ）」はすべて改行箇所、一行あたり二秒の時間をかけて、ゆっくりとフロートインしていきます。しかも冒頭のこうした問いかけ系の指導言は、私は音声として読みません。スクリーン（教室ではテレビ）にゆっくりと一行ずつ立ち上がるのを、子どもたち自身が黙読するのです。授業の導入に、しっとりとした雰囲気を醸成します。私は〈サイレント指導言〉と呼んで、多用しています。

6　題材の同質性と異質性を併せて提示する

この女性シンガーとはキム・カーンズ。彼女は当時、三十代後半、大ヒット曲というのは「ベティ・デービスの瞳」。授業は〈サイレント指導言〉の後、そのままの雰囲気の中に「ベティ・デービスの瞳」の前奏が流れ出します。当時のオリジナルＰＶを一分強ほど流します（https://www.youtube.com/watch?v=EPOIS5taqA8）。

KIM CARNES（キム・カーンズ）
・一九四五年　ロサンゼルスに生まれる。父は弁護士、母は病院事務。
・一九八一年「BETTE DAVIS EYES」がアメリカチャートで九週連続一位の空前の大ヒット。フランス、ニュージーランド、ノルウェーでも一位。
・日本でも洋楽チャート1位。長くホンダ・タクトのＣＭソングに使われる。
・一九八五年「We Are THE World」のリードボーカルの一人。

ここで、「ベティ・デービスの瞳」の別のライブ映像を見せます。後の展開のため、顔や雰囲気のよくわかる映像を選びました（https://www.youtube.com/watch?v=pJj0e3thbkU）。

(3)キム・カーンズは／それまでの女性シンガーのイメージを／可愛い女性、きれいな女性が／歌を上手く歌う…／というイメージから／「カッコいい」に変えました。／時代はミュージックビデオの草創期でもありました。

(4)二〇二二年／キム・カーンズはまだまだ現役です。／現在、76歳。／昨年のライヴをご覧いただきます。／さて、76歳の彼女はいまも、／「カッコいい」でしょうか…。

この指導言も〈サイレント〉でゆっくりと提示した後、昨年のライヴ・パフォーマンスを見せます。前の映像で顔や雰囲気のよくわかる映像を選んだのは、この四十年後の映像と見比べるためだったのです。

(5)年齢を重ねるとはどういうことなのでしょう。
思ったこと、考えたことを交流してみましょう。

子どもたちはその歌声の同質性と見かけの違いに一様に驚きます。

7 同様の授業展開を繰り返すことで増幅させる

しかし、キム・カーンズは〈縦コラボ〉の第一教材に過ぎません。申し訳ない言い方ですが、言わば「前座」のような扱いです。中心活動は後半の展開になります。

(6)二〇一七年／世界的に有名な／偉大な女性シンガーが引退しました。
(7)彼女は／一九二九年生まれ。／八十八歳での引退でした。／もちろん、／現在も九十二歳でご存命です。

〈サイレント指導言〉の後に、ヘレン・メリルの「You'd Be So Nice To Come Home To」を音声のみ流します（https://www.youtube.com/watch?v=YM0PhsP7ulk）。かつてCMソングとしてよく流れていましたから、四十代以上であれば誰もが知っている名曲ですが、現在の子どもたちにはあまりなじみがありません。それでも耳に残る曲ではあるようです。

(8)一九六〇年、ヘレン・メリル、三十一歳の歌声をお聴きいただきます。

ここで、一九六〇年のライブ映像を流します。白黒の映像で、時代を感じさせる映像ですが、ヘレン・メリル自身の美しさと歌声の妙、そしてかつてのアメリカ文化を感じさせるには充分な映像です（https://www.youtube.com/watch?v=rkybDxsdBaQ）。

Hellen Merrill（ヘレン・メリル）
・一九二九年　ニューヨーク生まれ。
・一九五四年「You'd Be So Nice To Come Home To」が大ヒット。
・一九六〇年　初来日。
・一九六六年　日本に移住（～一九七二年）。
・大の日本びいき。その美貌と歌唱力で、世界的な人気を呼ぶ。
・愛称は「ニューヨークのためいき」

世界的な大スターヘレン・メリルがこんなことを言っています。

(9) 一九九〇年／六十歳を超えたヘレン・メリルは／来日した折、／キャリア四十年以上にして／こんなことを言っています。

「ようやく一人前の歌手として認められる様に／なりましたことをとても有難く思っております」

どんな意味だと思いますか。交流してみましょう。

交流の後、彼女のこんな言葉も紹介します。

「古いジャズの名曲を新曲に接する気分で歌うことが出来たらなんと素敵でしょう」

これらは来日した折の彼女のＭＣの言葉なのですが、授業では映像を流しました。そして、彼女の六十代のライヴ映像を見せます。六十歳を超えても衰えない彼女のパワフルな歌声を聞くことができます（https://www.youtube.com/watch?v=2Tlp_oAOb5o）。

⑽二〇一七年／八十八歳のヘレン・メリルは／七十年以上のキャリアに／自ら終止符を打ちました。／その際も来日しています。

⑾彼女は「一人前の歌手」として／歌えなくなったのでしょうか。／それとも、ジャズのスタンダードを／「新曲に接する気分」で／歌うことができなくなったのでしょう

か。／それは、／彼女にしかわかりません…。

この後、彼女の最後の来日映像を流します。後半には彼女の日本のファンへのメッセージもあります（https://www.youtube.com/watch?v=m8AzKJBRRPc）。

この授業では後半のヘレン・メリルのパートでも、やはりこの問いを投げかけます。

⑿年齢を重ねるとはどういうことなのでしょう。
思ったこと、考えたことを交流してみましょう。

一つの授業の〈縦コラボ〉において、二つの教材について同じ展開を繰り返すということを私はよくやります。この授業では、特にその手法がうまく機能していると感じています。同じ展開で「年齢を重ねること」について思考を馳せながら、子どもたちはキム・カーンズの人生とヘレン・メリルの人生とを重ね合わせます。現在は年を取り、高齢者になっている。しかし、かつて、若き日にものすごい功績を上げている。そんな二人の「若かりし日」に思いを馳せるのです。

8 教師は社会を見る「目」をもたねばならない

私は前に、子どもたちがコロナ禍で失ったものの一つとして、コロナ・パンデミックがなければ本来得ることができたであろう「体力」を挙げました。そしてそれは、おそらくさまざまな活動領域に多大な影響を与えているのではないかとも述べました。

実は私はもう一つ、コロナ禍が社会から「高齢者への敬意」を失わせたと強く感じています。もちろん、コロナ以前から「老害」という言葉が流行り、高齢者を軽視する風潮は広がっていました。日本の成長が停滞しているのは生産性が低いからであり、その生産性の低さは高齢者層の生産性が低いからだという論調もありました。若者が本来得るべき報酬を高齢者が年金その他で搾取する構造があるのではないか、という高齢者利権論のようなものも展開されています。しかしこれらは所詮、経済問題に過ぎないものでした。

しかし、コロナ・パンデミックは、経済を回すために高齢者のある程度の犠牲は仕方ない、という論調を生み出したのです。それがいやなら、家に引っ込んでろと言わんばかりに。私はその裏に、無意識的な高齢者の命への軽視を感じるのです。私は最近、「高齢者道徳」というジャンルを設け、自主教材授業をたくさん開発するようになっています。

「問題意識」は教師の社会に対する目の具現化でもあるのです。

9 「お説教道徳」にならないよう間接的に取り上げる

私の「問題意識道徳」は、「ストラット」にしても「ハスキーなためいき」にしても、「体力をつけよう」「自らの身体をコントロールできるようになろう」「高齢者を大切にしよう」「高齢者の思いを想像しよう」といった、〈直接的なメッセージ〉を扱うものではありません。むしろ私はこうした問題について、直接的にメッセージを投げかけることを避けているところがあります。

しかし、私自身はそうしたことをとても大切なことだと感じています。そうした場合に、子どもたちに直接的に投げかけるのでなく、この題材について学ぶことで、一部の子どもたちにでも「感じてもらうことができるかもしれない」「考えてもらうことができるかもしれない」と考え、〈間接性の原理〉を用いて授業を構想しているわけです。

「問題意識」をもとにした授業は、メッセージ性が強ければ強いほど「お説教」に近づきます。「お説教」はそれが機能する子どもたちも確かにいますが、一部の子どもたちには反発を受けます。私は子どもの頃、後者のタイプの子どもだったので、「お説教」的道徳だけはしたくないなという強い思いを抱いています。そのために、内容項目をできるだけ噛み砕き、できるだけ具体的にして、間接的に取り上げることを旨としています。

10 「問題意識」を子どもの実態から生成する

「問題意識道徳」として、コロナ・パンデミックを例に、割と社会問題的な広い世界観で提示してきました。しかし、教師の「問題意識」というものは、こうした社会問題的なものばかりではありません。

むしろ、担任教師としては、目の前の子どもたちの実態を見て気になったところ、もっと伸ばしたいところなどについて、「問題意識」をもって授業づくりに取り組んでいくという在り方が王道と言えるでしょう。道徳授業を通じて生徒指導・生活指導をしていくイメージ、と言えばわかりやすいでしょうか。

しかし、こうしたタイプの自主開発道徳の授業づくりの在り方は、既にたくさん提案されているのです。それで今回は、私としては「心身一元論道徳」「高齢者道徳」という、どちらかというと広い世界観の授業を例に挙げたわけです。

教室内の日常生活に対する問題意識に基づいて授業を構成する在り方は、実は熊本の桃崎剛寿先生の得意とするところです。読者諸氏には、機会があれば桃崎先生の著作にも触れていただくことをお勧めします。特に『スペシャリスト直伝！　中学校道徳授業成功の極意』（桃崎剛寿・明治図書・二〇一六年）は名著です。

〈時事問題道徳〉の構造

　ここでは、〈時事問題〉の扱いについて提案します。特に〈時事問題〉を道徳授業で扱うときの留意点について、私のつくった〈時事問題〉の授業に沿って述べていきます。特に、〈時事問題〉の歴史性を踏まえておくことの重要性を強調しています。

　また、本節にはもう一つコンセプトがあって、具体的な授業構成法についても語っていきます。

　私は道徳授業の成否は授業における最後のまとめ、つまり終末活動で決まると考えています。終末活動が潤沢に機能するか否か、それが道徳授業の成否を決めるキモである、というわけです。

その意味で、私はいろんな場で、道徳授業は前からつくろうとすると失敗する、道徳授業は後ろからつくるのだと言っています。その意味を、私が例に挙げた〈時事問題〉の授業に沿って、その授業がなぜ、どのように構成されて最終的な形になったかも含めて、具体的に述べていきます。私としては、本書の一つの核になる提案だと自負しています。

もしもすべての道徳授業がこの発想で構成されたならば、道徳授業は必要な要素だけで構成されることになり、かなりスッキリした、機能する授業へと変革が可能だとさえ考えています。

〈時事問題道徳〉の構造

1 「後ろ」が決まらなければ「前」はつくれない
2 導入の活動を焦点化する
3 時事問題は「歴史性」を帯びている
4 歴史的に評価の定まった題材を用いる
5 終末活動を決め、その布石として何が必要かと考える
6 必要な布石が出揃わなければ授業の立案はできない
7 終末活動に親和性の高い情報を直前に配置する
8 その他の情報を機能性を考え並べる
9 導入の動機付けは最後につくる
10 「問題意識」を抱いた時事問題は授業化すべきである

1 「後ろ」が決まらなければ「前」はつくれない

まずは、私が時事問題道徳として開発した授業を一つ紹介します。「一九六四」という授業で、「東京二〇二〇」開催に際して実践した授業です。

⑩LOVE LOVE LOVE／DREAMS COME TRUE
⑨世界に一つだけの花／SMAP
⑧ラブ・ストーリーは突然に／小田和正
⑦Tomorrow never knows／Mr. Children
⑥SAY YES／CHAGE&ASKA
⑤君がいるだけで／米米CLUB
④だんご3兄弟／速水けんたろう・茂森あゆみ
③TSUNAMI／サザンオールスターズ
②女のみち／宮史郎とぴんからトリオ
①およげ！たいやきくん／子門真人

導入は〈サイレント〉でこの順位を発表するところから始まります。

言うまでもないことでしょうが、日本の歴代シングル売り上げランキングのトップテンです。一位の「およげ！たいやきくん」の総売り上げは約四五八万枚と言われています。また、国内の順位としてはトップテンに入りませんが、坂本九の「上を向いて歩こう」が「SUKIYAKI」と称され、全米一位を記録したというのも有名な話です。この曲の全世界での売り上げは、約一三〇〇万枚と言われています。

> (1)実はこの国には、台湾、タイ、ベトナム、アルゼンチンなど、世界六十カ国以上でカバーされ、全世界で三〇〇〇万枚以上の売り上げを誇る名曲があります。
> 現在は文化庁の「日本の歌百選」にも選ばれています。何だと思いますか？

この問いで二分程度、軽く交流させます。

こうした導入をつくるうえで大切なことは、あくまで問いが先にあって、その問いを機能させるような問い以前の活動がつくられるという開発の順番です。授業を「前からつくる」人が多いことに、私はよく戸惑っています。後ろが決まらなければ、前に何が必要かなんてわかりようがないのです。

2　導入の活動を焦点化する

(2)その曲ができたきっかけは、一九六四年、東京オリンピックの閉会式でのことでした。
(3)まずはこの映像を見てみましょう。

子どもたちに見せたのは、一九六四年の東京オリンピックの閉会式の映像です。有名なシーンです（https://www.youtube.com/watch?v=WrTrU4mkewM）。

「閉会式の、あの、統一された美しさこそありませんが、しかし、そこには、国境を越え、宗教を越えました、美しい姿があります。このような、美しい姿を見たことはありません。まことに和気藹々、呉越同舟、グリーンのブレザーの隣には、白いブレザーの選手がおります。紺のブレザーの選手の隣には、真っ赤なブレザーの選手がおります。」「まことに、「いま、各国の選手団が日本の旗手、福井誠選手を高々と担ぎ上げました。」なごやかな風景であります。」

当時の実況は、閉会式の情景を見て国民にこんなふうに投げかけました。

3 時事問題は「歴史性」を帯びている

(4)実況アナウンサーは、
「このような、美しい姿を見たことはありません。」
と国民に投げかけました。つまり、国民もこの感覚を共有できると確信していたということです。いったい何が、どう美しいのでしょうか。交流してみましょう。

実は、一九六四年の東京オリンピック以前には、閉会式も開会式同様、各国選手団が国ごとに整然と行進することが慣例となっていました。それが東京オリンピックでは、各国の選手団があまりにも興奮し、最後に入場した日本選手団とともに再び会場に現れたのです。日本の旗手・福井誠選手を担ぎ上げ、ある者は笑顔で叫び、ある者は感動にむせび泣く。それまでとは違った閉会式で、誰もが東京オリンピックの余韻に浸ったのでした。

当時は「冷戦時代」の真っ只中です。アメリカ選手とソ連選手とがともに笑顔で並び歩くことなど考えられませんでした。西ドイツの選手と東ドイツの選手とがともに活躍を祝福し合うなどということもあり得ませんでした。

しかし、東京オリンピックでは、それが起こったのです。

また、かつてイギリス領「北ローデシア」であったザンビア共和国は、閉会式の日に国家が独立。開会式では「イギリス領北ローデシア代表」として参加した選手団は、閉会式では「ザンビア代表」として入場することになりました。

私には東京オリンピックの記憶はありません。一九六六年生まれですから、当然のことです（笑）。しかし、小学校時代、運動会に関連した話で、よく学校の先生からこの話を聞かされた記憶はあります。当時の学校の先生と言えば多くが左翼傾向の思想をもつ人たちでしたから、おそらくこのシーンはかなり衝撃をもって迎えられたのだろうと思います。昨今も「東京二〇二〇」開催関連のスピーチにおいて、多くの高齢者が「東京オリンピック一九六四」を誇らしげに語るのはこういうことなのだろうと合点がいきます。

時事問題の道徳授業をつくるというときに大切なのは、時事問題は決して、「現在の問題」としてのみ在るわけではないということです。すべての時事問題は必ず、「歴史性」を帯びています。その意味で、時事問題を現在の視点、現在の視座からのみ扱うのは危険を伴います。

4　歴史的に評価の定まった題材を用いる

この情景を、感動とともに、泣きながら、テレビで見ていたあるミュージシャンがいました。

選手たちが各国入り乱れ、肩を組み、肩車をし、踊りを踊り、笑う者あり泣く者あり。だれもが互いに祝福し合いながら行進しました。そこに、国境や人種といった人類の垣根を越えた「平和の祭典」の姿が立ち現れているように、そのミュージシャンには見えたのでしょう。彼は涙がこみ上げる感動を覚えたといいます。

> (5)実況アナウンサーの
> 「泣いています。笑っています。」
> という言葉が、そのミュージシャンの中で熟成し、後に全世界で三〇〇〇万枚を売り上げる名曲へと結実していきます。
> (6)「泣きなさい　笑いなさい」
> 沖縄のミュージシャン喜納昌吉さんによる「すべての人の心に花を」です。

授業では、夏川りみさんの歌唱で子どもたちに聴いてもらいました。手話で歌詞を伝えながら歌います（https://www.youtube.com/watch?v=WwBuZG5XDkE）。

以上が、私が時事問題の授業として行った「一九六四」という授業のエッセンスです。教師は目的をもって道徳の授業をつくります。目的をもって教材を選びます。時事問題を扱う場合にはなおさらでしょう。この授業を実践にかけた年の一番の時事問題はコロナ禍であり、東京オリンピック・パラリンピックでした。

しかし、コロナ・パンデミックを、また東京オリンピック・パラリンピックを直接的に扱うと、どうしても視点が偏りがちになります。オリパラの商業主義的性質や組織委員会の相次ぐごたごた、経費の膨張、盗作疑惑問題、コロナ禍でのさまざまな団体との軋轢など、ネガティヴな要素も多々ありました。この原稿を書いているのは二〇二二年八月ですが、現在は組織委内部から逮捕者も出て、問題は更に広がりを見せそうです。事後になってさえ、ネガティヴ要素が増えていっているわけです。

そうであるならば、事実問題に関しては、同系列の事象の中から、既に歴史的評価が確定している、そんな題材を選択し、採用することを私はお勧めします。この「一九六四」という授業もこうした考えに基づいて構成しました。

5 終末活動を決め、その布石として何が必要かと考える

時事問題道徳に限りませんが、私は方々で、授業は「後ろ」からつくるべきだと提案しています。第一章「収斂性の原理」でも述べました。

例えばこの授業であれば、「後ろ」、つまり終末の活動は夏川りみさんの「すべての人の心に花を」を聴くことです。ただ聴くだけでなく、夏川さんの歌う表情にどんな思いが込められているのか、手話が展開されることにはどんな意味があるのか、そんなことを考えながら視聴して欲しいわけです。

私がこの授業を開発した目的としては、「オリンピックってもともと、日本人にとってこういう印象のものだったんだよ」と子どもたちに伝えることです。開催準備から開催延期、そして緊急事態宣言下の開催と、二〇一三年の開催決定から二〇二一年夏の開催本番まで、「東京二〇二〇」は印象の悪くなる一方の八年間でしたから。時事問題として道徳授業で扱うならば、ポジティヴな印象を抱けるような授業をと考えたわけです。できれば、子どもたちが夏川さんの歌に心を動かされることをも想定した授業づくりでした。

となると、「そうなるためにはどんな情報が必要で、どんな布石が必要か」という発想が生まれてきます。授業構成の立案はそこから始まるのです。

6 必要な布石が出揃わなければ授業の立案はできない

　夏川さんの歌の上手さは間違いありません。私も何度か生で聴いたことがありますが、彼女は圧倒的な歌唱力をもっています。そこはまず信頼していい。

　とすれば、布石として打つべき第一は、歌詞に込められた思いということになりましょう。これには喜納昌吉さんがこの曲をつくるきっかけとなった東京オリンピックの閉会式のエピソードははずせません。また、喜納さんがどのような言葉に喚起されてこのサビをつくったかというエピソードも重要でしょう。

　第二に、夏川さんが手話で歌詞を伝えながら歌っていることも見逃せません。これは当然、目の不自由な方々への配慮であり、どんな人にもこの歌詞の内容を伝えたいのだという夏川さんの強い思いの象徴だと考えられます。要するに、「多様な世界に向けた共同のメッセージ」であるわけです。とすれば、東京オリンピック閉会式における国家間の対立を越えた盛り上がりを強調することも重要となります。

　こうして「はずせない内容」が固まれば、あとはそれらを終末活動までにどういう順番でどう並べるか、という発想に至ります。ここに来て、初めて授業構成をどう立てるかという問題になるのです。

7 終末活動に親和性の高い情報を直前に配置する

整理すると、次のようになります。

①歌詞に込められた思い
②曲づくりの契機となった東京オリンピック閉会式のエピソード
③「泣きなさい　笑いなさい」というサビにつながるエピソード
④多様性の必要性を印象付けるエピソード
⑤多様な人々が共同することの大切さ

夏川さんの歌唱映像には歌詞が出ます。歌詞には難しい語彙もほとんどありません。とすれば、歌詞の内容自体は子どもたちに解釈させても良いだろうと思えます。容易な言葉で綴られた印象的な歌詞は、教師がいじりすぎるとかえって子どもの解釈・感性を削ぐことになります。これは国語教育の常識です。

多様な人々が共同することの大切さという思想も、歌詞に含まれていると考えて良いでしょう。こういうものは説明するよりも、子どもたちに「感じてもらう」方がより効果が上がるという傾向もあります。抒情的な内容を教師が説明してしまうと、子どもたちは「感じる」よりも「考える」方向に意識が向いてしまいます。歌を聴くことにそのような意識は邪魔です。

こう考えてくると、①と⑤の機能は、歌唱映像に預けてしまおうと決まります。

残りは②③④です。

ここではまず、②閉会式シーン、③サビのできた経緯、④人種や国家を越えた選手たちの盛り上がりの三つのうち、最も終末活動である歌唱映像の視聴に親和性のあるものは何か、と考えます。当然、③です。なんせサビ部分の歌詞ですから。しかも、喜納昌吉さんが感動の涙を流しながら、実況の「泣いています。笑っています。」という言葉を聞いたというエピソードは、解説によって「理解される」に止まらず、ある種の「情」を喚起します。終末活動は歌唱映像の視聴ですから、完全に「情」の活動です。とすれば、終末活動の直前に配置するのは、③サビのできた経緯にするのが授業を機能させるには相応しいでしょう。

これで「泣きなさい　笑いなさい」というサビができる経緯から歌唱映像視聴へ、という最後の流れが決まりました。あとは②と④をどう配置するかです。ここまで来ると、授業の骨格が見えてきます。

8 その他の情報を機能性を考え並べる

②閉会式シーンと④人種や国家を越えた選手たちの盛り上がりの、どちらを先に提示するか。これはこういう場面だよと説明して映像を見せるか、映像を見てからこういう場面なのだと意義を語るか、という問題です。機能性が高いのは後者です。

②と④を結び付ける良い言葉が、閉会式シーンの実況にありました。それは閉会式の選手たちの姿を見てアナウンサーが語った「このような、美しい姿を見たことはありません。」という台詞です。これは人種や国家を越えて選手たちが盛り上がりを見せたことを「美しい」と言っているわけです。子どもたちにこれが伝わるなら、④はわざわざ説明する必要はなくなります。しかし、この言葉だけでは子どもたちの多くに伝わらないと考え、閉会式シーンを見た後に、教師がそのシーンの意味・意義を語って聞かせることにしました。

こうして②→④→③→終末活動（①⑤を含む）という授業構想が出来上がるわけです。この展開であれば、子どもたちも歌唱映像視聴に自然に入っていけるでしょう。しかも、それ以前には、閉会式シーンを見た後に、その意義を説明され、そこから曲が感動的に出来上がったエピソードで「情」を喚起され、最後にその曲を聴くわけですから、展開はかなりスムーズです。

9

導入の動機付けは最後につくる

しかし、ここで大きな問題が起こります。

この展開では、東京オリンピック閉会式から授業が始まることになってしまいます。終末活動の直前まで、喜納昌吉さんが出てこないわけですから。閉会式から始める授業があり得ないわけではありませんが、それでは閉会式の映像を見る必然性が担保されません。

そこで最後に、冒頭の導入が開発されるわけです。開会式の映像を見る必然性を、そこからある大ヒット曲が生まれたからだと動機付けするわけです。しかも、その曲をつくったミュージシャンの名前も明かさず、ある種のクイズのような形で必然性を担保することができます。

最後に扱われるのが大ヒット曲であるわけですから、これまでの大ヒット曲のランキングから入ろうという発想が生まれるわけです。十曲のタイトルを提示するだけですから、それほど時間は取られませんし、子どもたちに幾分かの関心を喚起することもできます。

こうして、あるヒット曲が出来上がる契機となった東京オリンピック閉会式を紹介しつつ、そのヒット曲は最後まで明かされず最後に提示されるという二つが絡み合い、最後に歌唱映像で結実する、という授業構成が出来上がるわけです。

10 「問題意識」を抱いた時事問題は授業化すべきである

昨今、時事ニュースは暗いものばかりが目立ちます。良いニュースがほとんどないという毎日が続いています。明るいニュースはせいぜい、大谷翔平選手に象徴されるスポーツ選手の活躍くらい。ここ数年間、そんな雰囲気が続いています。本来は明るいニュースであるはずの東京オリンピック・パラリンピックでさえ、コロナ・パンデミックと関係者の逮捕で暗いニュースに仲間入りしてしまいました。

しかし、前節の「問題意識道徳」の発想と相俟って、教師が一つの時事問題に、子どもたちに考えさせたいという思いを抱いたならば、私はたとえそれが暗いニュースだったとしても授業化すべきだと考えています。もちろん工夫や配慮は必要ですが、教師が目の前の子どもたちに必要だと感じたならば、怖れることなく授業として投げかけるべきです。

私はこれまで、秋葉原連続殺傷事件（四九頁）や上地受刑者の殺人事件（四〇頁）、山梨県のキャンプ場で行方不明になった小一女児の事件、サロマ湖畔の小さな町で爆弾低気圧から父親が娘を守って命を落とした事故などを教材化してきました。終末活動をしっかりと定め、それへと向かう布石を機能的に配置するならば、工夫・配慮しながら時事問題を授業化することは可能だと考えています。

〈教材開発〉の構造

いわゆる〈教材開発〉にあたって、「アンテナを高くする」ということがよく言われます。しかし、どうすれば「アンテナ」は高くなるのでしょうか。

〈自主開発教材〉をつくる。口で言うのは簡単ですが、いざつくろうとすると題材選びに苦労するものです。道徳授業の題材は私たちの生活に密着していますから、本来はあちこちに転がっているはずなのですが、いざ探そうとなるとさまざまな障害・障壁があって、私たちの目を曇らせてしまうのです。

ここでは、〈教材開発〉をスムーズに行うための、私なりの工夫を提案していきます。ごく

ごく簡単に言えば、自分のまわりに開発しやすいような〈システム〉をつくり、「教材開発環境」とでも言うべきものをつくろうということです。

道徳授業で扱い得る題材は、実は私たちの日常生活の中に無数にあります。しかし私たちはそれらの題材にアクセスしていない現実があります。ちょっとした工夫で手の届くところにあるものに、意識がないから気付かない、ちょっとした行動を起こさないがために届かない、そういうことがたくさんあるのです。私の経験から、そうした現状を打開するためのちょっとしたコツを提案していきます。

〈教材開発〉の構造

1　思いついた素材を散逸させない
2　道徳素材を収集するシステムをつくる
3　一見無関係に思える二つの事象に関連性を見出す
4　新たな発想の生まれやすい環境をつくる
5　創造は馬鹿げた作業から生まれることがある
6　某かに取り組めば思わぬ副産物に出会える
7　日常的に触れるメディアを広げる
8　YouTube は道徳素材の宝庫である
9　「ネタ探し」が生活に潤いをもたらす
10　道徳教材開発の視座を自分の生活の一部にする

1 思いついた素材を散逸させない

「アンテナを高くする」という言葉があります。

学校教育界では教材開発においてよく使われる言葉です。道徳の授業づくりで言えば、教材化できるような素材に対する感受性を敏感にすることを指します。私は正直、道徳素材に関する〈アンテナ〉はそれほど高くないと自己認識しています。

私は月に一度程度のペースで、札幌で道徳のセミナーを開催しているのですが、私以外の教師たち、中でも若い教師たちや女性教師たちが、私には思いもよらないような素材を使って道徳の模擬授業を提案するのを目の当たりにしてきました。よくこんなこと思いついたなと感嘆するのが毎回ですし、とても敵わないなと思うこともしばしばです。

しかし、そうした私から見て「アンテナの高い人たち」は、私に対して逆の印象を抱いているはずです。私は道徳授業を量産しています。例えば私は二〇二二年一月から六月の半年間に二十六本の自主教材道徳を開発しました。それもまずまずの質を担保した授業を開発できたと自負しています。なぜ私にそんなことができるのかと言えば、私が自分の必ずしも高くないアンテナに引っかかった素材を一つも散逸させないからです。つまり、思いついたものはすべて使うことができるからなのです。

2 道徳素材を収集するシステムをつくる

思いついた素材を散逸させないためには、アンテナに引っかかったものすべてを収集する〈システム〉が必要です。

上の写真を御覧ください。これは私の日常的に使用しているPCの「ドキュメント↓道徳素材」というフォルダを開いたときの画像です。

私はネット上でちょっとでも使えるかもと感じたものはすべてダウンロードすることにしています。そして適当なタイトルをつけて新しいフォルダとして起こしてしまいます。この作業が日常的に癖になっているのです。私の「仕事術」や「読書術」の著書を読まれた方ならおわかりかと思いますが、道徳授業の素材についても日常的な収集システムを敷いているわけです。

3 一見無関係に思える二つの事象に関連性を見出す

取っておく「素材の卵」はインターネット上の記事である場合もありますし、画像である場合もありますし、動画である場合もあります。月に一度くらいはすべてを眺めて整理しますし、バックアップも必ず取るようにしています。

セミナーの模擬授業や公務上の授業で新たな授業を開発しなければならないとき、私はこの「道徳素材」というフォルダを開きます。「道徳素材」内のそれぞれのフォルダを開くことはありませんが、その適当につけたタイトル一覧を眺めるだけで、「ああ、そういえばこんなのあったな」と授業づくりの萌芽が生まれてきます。また、一覧を眺めているうちに、「あれ？　これとこれは同じ構造じゃないのか？」というものが見つかると、「コラボ道徳」の可能性が生まれてきます。

創造的な発想が生まれるときというのは、一見無関係に思われた二つ以上の事象に関連性が見られたときです。関連性とは同質性をもっていたり、そっくりな構造をもっていたり、或いはまったく正反対の構造性をもっていたりする場合のことです。そういったものを見つけたときには、まず間違いなく新作授業が出来上がります。見つけた瞬間の感動・感激が、「つくりたい！」という意欲を喚起するのです。

4　新たな発想の生まれやすい環境をつくる

既にさまざまなところに書いていることの繰り返しになりますが、世の中に「純粋なオリジナリティ」というものは存在しません。新しく創るものというのは「新しいものを発見した」というよりも、これまでに当然のようにあったあるものを別の側面から見るとこういうことが見えてきたとか、これまでにあったAというものとBというものを組み合わせてみたらこんな新しい効果があったとか、そうした手続きを踏んで生まれてくるものです。その「別の側面」から見た視座とか、全然関係ないと思われていたAとBを「組み合わせ」てみた際の発見とか、そうした発想が新たなものを生み出すのです。

とすれば、こうした「別の側面」が見やすい状況、別々のものを「組み合わせ」やすくなる状況を、自分の生活の中に意図的につくり出すことができれば、新しいアイディアや新しい発想が生まれやすくなるということになります。「道徳素材」というフォルダは私にとってそうした〈システム〉となっています。

人間、何かをしようと思えば「環境」をつくることが大切です。この〈システム〉があることで、私は新作授業を量産できるのです。自分の「アンテナの低さ」を補って余りある、私はそう感じています。

5 創造は馬鹿げた作業から生まれることがある

二〇一七年のゴールデン・ウィークのことです。私は子どもの頃から聴いている松山千春のアルバムをリリース順に聴くことにしました。いわゆる「ながら聴き」ではなく、歌詞カードで歌詞を追いながらしっかりと聴くのです。

そのうちに私は思いついて、これらの歌詞を道徳の内容項目ごとに分類してみることにしました。きっと暇だったのでしょう。一曲聴いてはこれはAだな、これはDだな、とやっていったわけです。馬鹿馬鹿しい作業だが何かが生まれるかもしれない。生まれなかったとしても話のネタくらいにはなる。そう思って最後まで取り組みました。オリジナルアルバムとベストアルバムをあわせてちょうど六十枚あったので、結局GWだけでは終えられず、その後の連休も何度かこの作業に費やすことになりました。

結果、私はこの作業から、松山千春の曲を使った授業を十数本つくりました。多くは一曲の歌詞でつくるというものではなく、何某かの題材とコラボしたものです。

これは私がそれまで好きで聴いていた松山千春の楽曲を、ある別の側面、つまり道徳授業の内容項目から見直してみたことによって生まれたわけです。創造とはこんな馬鹿げた作業から生まれるのです。

6　某かに取り組めば思わぬ副産物に出会える

しかし、この作業の効果は、この程度の次元では終わりませんでした。松山千春のアルバムを、歌詞を目で追いながらリリース順に六十枚にわたって聴くという作業は、実は松山千春という一人の作詞家の二十歳から還暦までを通して追っていくという作業を意味していたのです。つまり、松山千春の四十年にわたる成長物語を読んでいくような試みだったというわけです。この効果は絶大でした。

二十代の頃は、好きな女性に思いを告げることができず陰ながら思い続けるとか、たとえ振られたとしてもあなたを思い続けるとか、そんな歌がたくさんあります。しかし、三十代を迎えた頃からそうした世界はほぼ皆無になり、その代わり恋愛の矛盾であるとか、その経験からの再生だとか、うまくいかなかった恋愛から学んだこととか、そうした世界観が現れ始めます。また、四十代になった頃から、自らが自然と一体化し、風のように、或いは川のように流されているという運命論的な世界観が多くなってきます。まるで「方丈記」の世界観のように。

ここに一人の人生を追っていくというタイプの授業構想が生まれました。本書で紹介した「ハスキーなためいき」などは、この発想から生まれた授業です。

7 日常的に触れるメディアを広げる

松山千春体験を経た私は、暇なときに、自分が若い頃から敬愛してきたものを、「道徳の授業にするとしたら」という視点で見直すようになりました。その結果、芥川龍之介と村上春樹の小説から五本ずつ、谷山浩子や井上陽水といったフォークソングから五本ずつ、いわさきちひろの絵本からも五本というように、愛着のあるものたちから次々に自主教材授業が開発されていきました。「孤独のグルメ」や「深夜食堂」の授業などといったものもあるほどです。

それまで、私は割と書籍資料から教材開発することが多かったのですが、ノンフィクションや小説ばかりでなく、音楽や絵本、テレビドラマと、素材のバリエーションが広がっていきました。

いまの私は、平日は本を読むことが多いですが、セミナーのない土曜日は必ず自宅で映画を見ることにしています。それも、いつでも教材化できるようにＤＶＤを買って見ることにしています。現在はかつての名作と呼ばれる映画のＤＶＤが千円程度で手に入るようになってきています。そこから何本もの授業が開発されました。

日常的に触れるメディアを広げることで、授業の質が多様化されてきました。

8 YouTubeは道徳素材の宝庫である

私は現在、ほぼ毎日、寝る前の一時間程度にYouTubeを見るようになっています。最初はウイスキー関連の番組を見ていたのですが、それがだんだんとジャンルが広がっていったのです。これも革命的に私の道徳授業の題材のバリエーションを広げました。

私はほんの数年前まで、道徳の授業をつくっているときに、欲しい映像があったらYouTubeを検索して探すという活用しかしていませんでした。そして欲しい映像が見つからなかった場合には、その授業づくりを断念するというようなことも頻繁にありました。

しかしいまでは、毎日一時間程度見ていますから、授業化できそうなおもしろい素材とたくさん出会うようになりました。右派・左派双方の政治番組を見ていると、同じ政策についてまったく正反対の評価をしているなんていうことがたくさんあります。しかもYouTubeの出演者は地上波と違い、先鋭的なことを言いますから、読売と朝日の論調の違いとは次元の異なる違いが見られます。また、旅先グルメ番組はもとより、ビジホ宿泊を愉しみにしているＯＬや夫に先立たれた一人暮らしの未亡人が考えていることなど、これまで知らなかった、というよりこれまで考えたこともなかった世界が目白押しなのです。

私は最近、こうした世界の授業開発も頻繁に行うようになりました。

9 「ネタ探し」が生活に潤いをもたらす

いろいろなメディアを通じて道徳素材を集めていると、メディア上のみならず、リアルな世界も「見え方」が違ってきます。

例えば、日常的に通っているスーパーやコンビニの陳列棚の構成が変わった。どういった意図で構成を変えたのかと、新しい陳列の仕方の構造を探ろうとする。

例えば、それほど離れていない同程度の規模の公園なのに、ある公園は母子がいっぱい集い、ある公園には老人ばかりが集い、ある公園には犬の散歩ばかりが集う。なぜか。

例えば、札幌市は碁盤の目に区画整備されているところが多いのに、ときどき途中でズレた道や渡りづらい五差路がある。これはどういった歴史的背景でできたものなのか。

こういった些細でありながら人間生活の本質でもある問題が目につくようになったのです。こうなってくると、自主開発授業は次々にできていきます。量産できるようになってきます。「道徳素材フォルダ」の中身もどんどん増えていきます。おそらくよく言われる「アンテナを高くする」とはこういうことなのだろうと、最近になって気付きました。

こうした「ネタ探し」とも言える活動で重要なのは、「苦にならない程度にやる」ということです。そこさえ押さえれば、「ネタ探し」がかえって生活に潤いをもたらします。

10 道徳教材開発の視座を自分の生活の一部にする

　私は国語教師ですが、国語科の題材を探そうということになると、どうしても大量の書物を読むということになります。どちらかというと、「勉強する」というイメージに近くなるのです。事実、私は三十数年にわたってそうした生活を送ってきました。

　しかし、道徳授業の素材というものは、普通に生活していても、もっと言えば遊んでいても見つかるものなのです。居酒屋Aの刺し盛と居酒屋Bの刺し盛と居酒屋Cの刺し盛の写真を真上から撮って比較すれば、道徳の授業がつくれます。あるコンビニに気に入らない店員がいて、その店員の何が気に入らないのかと考え、雰囲気のいい店員の作法と比較すれば、道徳の授業がつくれます。道徳授業の題材は、我々の生活と深くリンクしたものが取り上げられるわけですから、他教科と違ってこういうことが起こるのです。

　道徳授業がつまらない、道徳の授業がめんどくさい、道徳の時間が苦痛だ、そんな声をよく聞きます。しかしそれは、道徳の授業を自分の「外」にある、こなすべき対象と考えるからそうなるのです。道徳の教材開発を、というよりは道徳教材開発の視座を自分の「内」にあるものと捉え、自分の視座の一部にしてしまえば、それは苦になるどころか生活に潤いをもたせることにもなるのです。

〈切磋琢磨〉の構造

道徳授業に限ったことではありませんが、一人で取り組むことには限界があります。何事も仲間を得て、仲間とともに取り組んだ方がうまくいきますし、長続きもするものです。そこで、道徳授業開発において、研究仲間とどういう発想で何に取り組んでいけば有効かということについて、私の日常的な研究生活を例に述べていきます。

私には道徳授業開発の仲間たちと日々〈切磋琢磨〉し、相乗効果を上げているという実感があります。そうした実感が、何がどのように機能することでもたらされているのか、それを具体的に語っていきます。

特に私が道徳授業開発の中心的な場としている札幌での道徳セミナーの構成から、個々が力量を高めていくための構造について述べていきます。セミナーにさまざまな機能をもたせることで、一人で取り組む以上の効果はもちろん、普通に仲間と共同研究する以上の効果が上げられることを、私の経験から語っていくわけです。

私たちの道徳授業開発の場は、一般に比べてあまりにも頻繁に設けられているため、もしかしたら「そんなことできないよ」になるかもしれません。しかし、セミナーという「現象」ではなく、是非そこで行われていることの「機能」に着目していただければと思います。

〈切磋琢磨〉の構造

1 一人では自分の世界観を超えられない
2 仲間の授業が世界観を広げてくれる
3 「批判こそ礼儀」の精神で批評し合う
4 物事を多面的・多角的に捉えることにつながる
5 テーマ別授業づくりが更に世界観を広げる
6 分担して教科書教材の教材研究もできる
7 研究仲間が多くなればなるほど学びは増幅する
8 懇親会は〈リフレクション〉機能を果たす
9 遠征での新しい出会いが実践研究を更に発展させる
10 実践研究は所詮「道楽」である

1 一人では自分の世界観を超えられない

何事も一人でやることには限界があります。

能力的な限界もありますし、時間的な制約もありますし、何より一人でいくらやっても自分の世界観を超えることはできません。私だってもし一人で道徳授業づくりに取り組んでいたとしたら、本書一冊さえ書けなかったでしょう。本書を自分で読み通すと、「ああ、あれはあの人の発想だな」とか「ああ、これはあの人から学んだことの応用だ」というものがいっぱいあります。

私には、一緒に道徳の授業開発をする仲間がいます。月に一度程度のペースで、小さなセミナーを開催している仲間です。

年間十二回から十五回程度のセミナーのうち、現在は六割程度が道徳のセミナーです。私は現在、一五〇本程度の自主教材道徳を開発していると述べましたが、学校現場で安定的に道徳の授業を展開していくにはまだまだ足りないのです。五〇〇本くらい開発したら、どんな教科書教材でもコラボで対応できるという自信がつくかな、と自分では思っています。ですから、現状は道半ばにさえ至っていないという認識なのです。というわけで、もう少しこの開発生活を続けていこうかなと考えています。

2 仲間の授業が世界観を広げてくれる

私の道徳セミナーは、私の他に、大野睦仁先生、宇野弘恵先生、山下幸先生、千葉孝司先生の五人が核になっています。その他に若手からベテランまで、北海道内の先生方が三十人くらい集っているでしょうか。毎回セミナー企画を立てるときに、だれに登壇してもらうかを迷うほどです。ついでに言えば、熊本から桃﨑剛寿先生が年に六回から八回ほど参加しています。旅費は自腹です。ありがたいことだと思います。

一人でやっていては自分の世界観を超えられない、と言いました。私はいま、道徳授業の題材について、さまざまなバリエーションをもっていますが、おそらく宇野先生がいなかったら女性を扱う道徳授業は一生つくらなかったのではないか、と感じています。宇野先生は女性視点でつくる道徳授業にたいへんなこだわりをもっている先生です。また、大野先生がいなかったら、体験型の活動を導入した道徳授業を一生つくらなかっただろうとも思っています。千葉先生がいなかったら道徳授業にカウンセリング機能をもたせようなどとは思いもよらなかったでしょうし、山下先生がいなければドキュメンタリードラマを題材にしようとは思わなかったでしょう。私に絵本の芳醇な世界を見せてくれたのも大野先生や宇野先生でした。

3 「批判こそ礼儀」の精神で批評し合う

堀・大野・宇野・山下・千葉の五人で、「道徳授業づくり5×4セミナー」という場を年に四回程度設けています。堀・大野・宇野・山下・千葉の五人がそれぞれ、内容項目のA・B・C・Dの授業を一本ずつ、合計四本の新作を発表する形態なので「5×4」と名づけられています。毎回二十本の新作が提案されるわけです。

五人とも既に道徳の単著をもっている先生ですが、自分のそれまでの傾向を打破しようと、毎回新しい試みをもってくるのが常となっています。もちろん新しい試みですから失敗することもありますが、それが失敗したとしても、長い付き合いですから彼らが何をやろうとしたのかはわかります。そうした各々の新しい試み、新しい挑戦が私たちの会を活性化します。

新作が二十本提案された後は、九〇分にわたって互いの授業を批評し合います。私たちは基本的に、褒め合うということを一切しません。「批判こそ礼儀」の精神で、批評し合います。ただし、批評者は自分の授業づくりの思想に基づいて批評するのではなく、必ず本人がやろうとしたことに基づいて、機能していなかった点について指摘します。そして必ず代案を出すことを議論の作法としています。

4 物事を多面的・多角的に捉えることにつながる

「5×4セミナー」には、〈縛り〉という内部慣習があります。各授業者は四本の授業にある観点を設け、その観点を共通性として四本すべての授業にもたせるという〈縛り〉をかけるのです。

例えば、私であれば四本すべてを松山千春でつくったこともありますし、四本のすべてを「胆振東部地震」でつくったこともあります。「窓」縛りや「母」縛りなんていうのにも取り組みました。大野先生が「漫画」で題材を縛ったり、宇野先生が「犬」でテーマを縛ったり、山下先生が「地域」でテーマを縛ったりしました。

〈縛り〉は、一つのテーマがAからDのどの項目にも発展させ得るということを実感させてくれます。一つの題材、一つのテーマで四つの内容項目の授業をつくっていると、その題材やテーマの多面性に気付くことになります。結果、物事を多角的に見られるようになっていくわけです。

最初は遊びでやっていたのですが、次第に皆がその効果に気付き、驚愕とともに感心した経緯があります。〈縛り〉をかけるようになって以来、私たちの教材開発は一気に加速しました。一つの物事を多面的に捉えられるのですから当然のことです。

5　テーマ別授業づくりが更に世界観を広げる

　こうした〈縛り〉で得られた発想が、後の「テーマ別道徳セミナー」へと発展していきました。これまで「文学と道徳」「音楽と道徳」「道徳の毒」「コロナと道徳」「アフターコロナと道徳」「不易・流行と道徳」「恋愛と道徳」「メディアと道徳」「戦争と道徳」「孤独と道徳」が開催されてきました。これらは「戦争」なら「戦争」、「孤独」なら「孤独」を各自が自分なりに解釈して、それをAからDの四本の道徳授業に結実させるわけです。これれた、物事を多角的に見る視点を養ってくれます。ちなみにこれらが企画されるようになったのはごく最近のことで、「文学」「音楽」以外の八テーマはすべて、二〇二二年の一月～七月に開催されたものです。

　この「テーマ別セミナー」は、五人のうちのだれか一人が日程的に都合がつかず、四人しか集まらなかったときに、残りの四本を他のメンバー四人に一本ずつ分担して行うことを常としています。要するに核となるメンバーはやはり四本つくるわけです。

　この企画の破壊力もすさまじいものがあります。「恋愛」なら「恋愛」、「メディア」なら「メディア」という語をそれぞれが解釈して臨むわけですから、他の人の提案を見たときには「そういう捉え方もあったか」と驚くことになります。

6 分担して教科書教材の教材研究もできる

教科書教材の〈シンクロ道徳〉も、次々に仲間たちと開発しました。

小中教科書のうち、三社以上に掲載されている教材を全学年すべてリストアップし、それらを二人ずつに分担して、〈ソロ〉〈縦コラボ〉〈横コラボ〉の三種の授業を提案するという「〈シンクロ道徳〉研究セミナー」です。既に多くの自主教材授業を開発している者たちが集まって、定番教材を検討し合うことになります。これとこれのコラボはこの観点がズレてるよとか、これとこれの〈縦コラボ〉は〈横コラボ〉にした方が機能するんじゃないかなとか、さまざまな視点で検討が加えられました。

研究仲間をもっていると、このように新しい教科書が使われるというときにさえ、セミナーに参加しているだけで定番教材には一度は目を通し、真剣に考えたという経験をもつという状態になります。このことが実際の現場での道徳授業運営に与える効果を想像できるでしょうか。現場での授業が非常に楽になります。余裕をもって臨むことができるようになるわけです。

こうした試みも決して一人ではできません。できるとしても、何年もかかるでしょう。仲間がいるからこそ、数か月で終わるのです。

7　研究仲間が多くなればなるほど学びは増幅する

この他にも、もちろん道徳授業の王道を冠したセミナーも行います。「考え、議論する道徳」をテーマとしたセミナーなどは何度も何度も開いてきました。「道徳の評価」をテーマとしたセミナーも幾度か開きました。現在はコロナ禍で止まっていますが、年に二回程度、外部講師を招いてのセミナーも開催します。そうしたセミナーでは核となる五人も授業は一本か二本程度の提案として、五人以外のたくさんの人たちが提案し公表される場をもつことになります。

こうしたさまざまなセミナーを開催していると、若手の教師たちもどんどん力量を高めていきます。もう道徳研究を始めて五年以上になりますから、少ない者でも自主教材授業を十五本は開発し、批評にさらされているはずです。力量が上がらないはずがありません。いまでは核となってこのセミナーを引っ張ってきた五人も、他のメンバーから学ぶことが多くなってきています。学び合うことの機能は人数が多ければ多いほど充実しますから、学びが〈増幅〉していきます。

このサイクルに入れば、もうあれこれ考える必要もありません。企画を立てて場を設けさえすれば、仲間の誰もが勝手に学び合うようになります。

8 懇親会は〈リフレクション〉機能を果たす

セミナーの後は懇親会をもちます。最近は、一次会では北海道の旨い海鮮をつまみに日本酒を、二次会は馴染みのバーでウイスキーを飲むことが多くなっています。一七時一五分に始まり、二十三時頃終えるのを常としていますが、私たちはずーっとその日のセミナーで提案された授業を批評し合っています。或いは今後の企画について話し合っています。新たな企画は飲み会で生まれていると言って間違いありません。

この場は各授業者の〈リフレクション〉になっているのと同時に、セミナー機能の、或いは企画自体の〈リフレクション〉の機能を果たしていると感じています。なぜあの議論は混乱したのか、どうすればもっと深い学びになり得たか、次に生きる観点は何と何か、そんな議論が延々と交わされるわけです。アルコールが入っているとはいえ、その機能は昼間のセミナーと同じです。同じというよりはもっと広く深い機能を果たしているとさえ言えるかもしれません。

もう若い頃のように午前様にはなりませんし、記憶が飛ぶほどに大酒を飲むこともありません。核となる五人は年齢も上がり、それぞれが自由になるお金も増えてきていますから、割と良いものを食べ、割と良い酒を飲むという雰囲気になってきています。

9　遠征での新しい出会いが実践研究を更に発展させる

一緒に遠征に行くという機会も増えました。二〇一九年夏には、核となる五人で大阪・で二日ずつの道徳セミナーを開催しました。大阪から東京への移動の移動も含めた四日連続のセミナーです。道外の実践者たちにもたくさん登壇してもらいました。

核となる五人のうち、二人から三人で遠征に行くという機会も増えています。私は千葉先生と千葉・金沢・新潟とツアーで回ったり、大野先生・宇野先生と一緒に熊本・富山・岡山・鳥取などにも行きました。山下先生と二人で回ろうとした連続ツアーは、残念ながらコロナ・パンデミックが起こり、まだ実現していませんが、いずれそう遠くない時期に実現するだろうと思っています。

私たちは遠征でのセミナーでも、必ず地元の実践者数人に登壇してもらうことにしています。若い人たちが、或いは私たちとは地域の離れた人たちが、どのような発想で授業づくりをしているのかを知ることは、私たちにとってもたいへん大きな学びになるものです。北海道外から私たちのセミナーにわざわざ海を渡って参加するという若者も多くいます。その発想が、私たちを驚かせることもしばしばです。道徳では、「おーっ！　そういう題材があったかあ」という気付きが他教科よりも圧倒的に多いものです。

10 実践研究は所詮「道楽」である

実践研究は確かに苦しいものです。書斎で一人、セミナーに向けて提案をつくっているときは、特に苦しさを感じます。その段階で苦しんだ「苦しさ」を凌駕する「学び」と「楽しさ」がセミナー自体にあるから続けていられるのです。

一部に実践研究による力量形成を「修行」のように言う人たちがいますが、私はそれに賛同しません。楽しいことしか続かないのです。楽しいと感じられることしか続けられないのです。その「学びの楽しさ」を大きくするために、事前準備という名のちょっとした「苦しさ」があるだけです。

実践研究は「道楽」です。特に道徳授業研究は自分の生活とリンクした題材、自分の生活に密着した題材を取り上げることができますから、その傾向が大きいと感じています。国語を専門とすると自負していた私が、国語とともに生涯を生きると決めていた自分がこんなにもはまるのだから、道徳授業研究は「道楽」の象徴だとさえ私は感じています。

人は「楽しさ」を感じながら夢中で取り組んでいるときに最も「成長」するものだと言われます。そしてその「成長」が自覚されたとき、人はそれを「充実」と呼ぶのです。

道徳研究が自らの「道楽」として「充実」に貢献している。私はよくそう感じます。

あとがき

高橋幸宏さんの訃報が届いた日にこれを書いています。

僕が中学校に入学すると同時に、ＹＭＯが世界中を席巻しました。

時代は一年前にキャンディーズが解散、ピンクレディが勢いを失い、山口百恵の引退や松田聖子・田原俊彦のブームを一年後に控えた、そんな年のことです。ヒット曲は渥美二郎と小林幸子、そしてジュディ・オング。新人アイドルは不作。十代前半の僕らには、どこか空洞化した雰囲気のある年だったように記憶しています。そんななか、ＹＭＯの登場は、「ああ、僕らが求めていたのはこれだ！」と思わせるのに充分なインパクトをもっていました。

当時（いまもかな？）、僕にとってユキヒロの一番の魅力は正確に刻むリズムでも「ライディーン」に代表される作曲でもなく、心地よく脱力したように聞こえるボーカルでした。結果的にユキヒロの遺作となった「Saravah Saravah!」（二〇一八年）は、彼のファーストソロである「Saravah!」（一九七八年）のセルフカバーであるわけですが、二枚を聴き比べてみると四十年後のセルフカバーの方がより大きく脱力しているのを感じます。高橋幸宏のボーカルと言えども二十代のボーカルにはまだまだ肩に力が入っていたのかもしれません。そんなこんなで、僕は「Saravah Saravah!」がリリースされてからはこればかり聴くようになっていました。

今日、訃報を機に、久し振りに「Saravah!」と「Saravah Saravah!」を聴き比べてみて、僕らの道徳授業に対するスタンスのようなものに思いを馳せました。道徳授業（正確には教科化）は始まったばかりです。実践する人も論評する人も、まだまだみんな大きく肩に力の入った状態で取り組んでいます。僕もそうした状態で論じ、そういう状態で実践していることを自覚しています。しかしおそらく、道徳授業の在り方を本質的に論じ始められるのは、みんなの肩の力が抜けて、だれも道徳授業があることについて何の疑問ももたず、何の感慨も感じなくなったときなのではないか。そんな状況になるのは十年後か、二十年後か、はたまた五十年後なのか。いずれにしても僕はもう教職にない時期であることに、寂しさよりも安堵を感じている自分がいます。

今回も編集の及川誠さんにたいへんお世話になりました。深謝いたします。

Saravah!／高橋幸宏　を聴きながら……

二〇二三年一月　自宅書斎にて　堀　裕嗣

【著者紹介】

堀　　裕嗣（ほり　ひろつぐ）

1966年北海道湧別町生まれ。北海道教育大学札幌校・岩見沢校修士課程国語教育専修修了。1991年札幌市中学校教員として採用。1992年「研究集団ことのは」設立。

［主著］

『よくわかる学校現場の教育心理学　AL時代を切り拓く10講』（明治図書，2017年）

『アクティブ・ラーニングの条件　しなやかな学力，したたかな学力』（小学館，2019年）

『個別最適な学びを実現する　AL授業10の原理・100の原則』（明治図書，2023年）

『ミドルリーダーが身につけたい　教師の先輩力10の原理・100の原則』（明治図書，2023年）

〔本文イラスト〕木村美穂

教科書と自主開発教材でつくる

道徳授業10の原理・100の原則

2023年5月初版第1刷刊　©著　者　堀　　　裕　　嗣

発行者　藤　原　光　政

発行所　明治図書出版株式会社

http://www.meijitosho.co.jp

（企画）及川　誠（校正）杉浦佐和子

〒114-0023　東京都北区滝野川7-46-1

振替00160-5-151318　電話03(5907)6703

ご注文窓口　電話03(5907)6668

＊検印省略　　組版所　株式会社アイデスク

Printed in Japan　　ISBN978-4-18-293816-0